Halbfas
Der Sprung in den Brunnen

W0189931

Hubertus Halbfas

# *DER SPRUNG*
# *IN DEN BRUNNEN*

Eine Gebetsschule

Patmos Verlag Düsseldorf

CIP-Kurztitelaufnahme
der Deutschen Bibliothek
**Halbfas, Hubertus:**
Der Sprung in den Brunnen
e. Gebetsschule/Hubertus Halbfas, –
12. Aufl. – Düsseldorf:
Patmos Verlag 1994
ISBN 3-491-72108-3

© 1981, Patmos Verlag Düsseldorf
Alle Rechte vorbehalten
12. Auflage 1994
Gestaltung: Thomas Brink
Satz: LibroSatz
Herstellung: Lengericher Handelsdruckerei,
Lengerich/Westf.
ISBN 3-491-72108-3

*Für Ansgar, Bernward und Ina*

# *Inhalt*

# ICH

# GOTT

# GEBET

Als zu dem Lehrer einmal ein Junge kam,
entspann sich folgendes Gespräch:

DER JUNGE: Ich hab den Wunsch zu lernen.
Wollt Ihr mich lehren?
DER LEHRER: Ich glaube nicht, daß du weißt,
wie man lernt.
DER JUNGE: Könnt ihr mich lehren, wie man
lernt?
DER LEHRER: Kannst du lernen, mich lehren
zu lassen?

Das war für den Jungen eine seltsame Frage.
Erst nachdem er sie verstand, wurde er zum
Schüler. Vordem war er in allgemeinen Schulen
gewesen, wo man glaubt, es genüge die Lehre
und die Methode: wer beides kenne, sei bereits
Lehrer; wer behalten und anwenden könne, ein
guter Schüler. Der Junge hatte erfahren, daß auf
diesem Wege meist gleichgültige Dinge verhan-
delt werden.

Als der Junge sich anschickte, von seinem
Lehrer Abschied zu nehmen, bat er ihn, den
gemeinsamen Weg aufzuschreiben, damit auch
andere ihn finden könnten.

DER LEHRER: Kann man einen Kuß durch Boten senden?

DER JUNGE: Es käme wohl anderes an, als gemeint ist.

DER LEHRER: Genausowenig kann ein Buch, wenn es um den inneren Weg geht, den Lehrer und die Erfahrung ersetzen.

DER JUNGE: Ich weiß, daß Worte nicht alles vermitteln.

DER LEHRER: Innere Erfahrung ist etwas, das einem geschieht, nicht etwas, das man jemandem geben kann, und schon gar nichts, das man durch Lesen erreicht.

DER JUNGE: Selbst wenn einige glauben, gedruckte Erfahrungen seien wohlfeil, sollte es dich nicht hindern, unsere Gespräche aufzuschreiben. Es gibt auch andere, die sich durch ein Buch auf den Weg eigener Mühe führen lassen.

DER LEHRER: Wenn schon der Versuch gelten soll, kommt alles darauf an, daß er wahre Schüler findet: Schüler, die sich lesend nicht als Leser verstehen.

# *Ich*

## Der Brunnen

SCHÜLER: Zeige mir, wie ich beten kann.

LEHRER: Kann ich es dir zeigen? Ich kann es nicht.

SCHÜLER: Bist du denn nicht ein Lehrer der Religion?

LEHRER: Eben deswegen! Beten lernt niemand durch Wissen und Können, sondern durch Erfahren und Leben. Was immer ich weiß, kann dir nicht ersparen, dich selbst zu suchen. Selbst mußt du in den Brunnen springen, die Tiefe wagen, den inneren Raum und die innere Zeit entdecken. Hör zu!

Da ging eines Tages der Knabe zu seinen Brüdern. Er sagte zu ihnen: „Gebt acht! Ich will, daß wir zusammen einen merkwürdigen Ort aufsuchen."

„Wohin willst du uns denn führen?" fragten die Brüder.
„Ich will euch dahin führen, wo ihr die Wahrheit über euch selbst erfahren sollt."

Die Brüder baten ihn: „Laß es doch sein, es lohnt sich nicht. Danke, wozu sollen wir schon wieder ausziehen?" Sie wollten nicht gehen. Der Jüngste aber bestand darauf: „Entweder kommt ihr mit, oder ich bringe mich um!" So zwang er sie, mit ihm zu gehen.

Sie gingen lange, und noch am selben Tage kamen sie zu jenem Brunnen. Der Jüngste sagte zum Ältesten: „Ich will dich anbinden und in den Brunnen hinunterlassen. Schau dir an, was es dort im Brunnen gibt."

Der Älteste fing zu weinen an. „Warum willst du mich in den Brunnen hinunterlassen?" Er hatte Angst, in den Brunnen zu gehen. Er bat um Gnade. Der Jüngste sagte zu ihm: „Bitte nicht um Gnade, wir müssen dorthin!" Er band ihm den Strick um und ließ ihn hinunter. Aber kaum war der Bruder ein paar Klafter tief, fing er zu schreien und zu weinen an, – noch ein bißchen, und die Angst zerreißt ihn. „Ich sterbe, ich sterbe!" Er war noch nicht einmal ein Viertel des Brunnens hinunter. Der Knabe zog ihn heraus, denn er sah, was für ein Mensch das war.

Dann kam der zweite. Der Knabe band auch ihn und ließ ihn hinunter. Er war kaum bis zur Hälfte des Brunnens gekommen, da begann er zu schreien vor lauter Angst. „Ich sterbe, ich sterbe!" Er zog ihn heraus.

Dann kam die Reihe an den Jüngsten. Er sagte: „Hört zu! Wieviel ich auch weinen und schreien werde, zieht mich nicht hoch. Laßt mich hinunter, bis ihr fühlt, daß der Strick leicht geworden ist." Die Brüder fingen ihn zu bitten an: „Du bist unser Jüngster! Warum willst du von uns gehen?" Sie baten, er möge sie doch nicht verlassen, aber er wollte nicht auf sie hören. Da banden sie ihn und ließen ihn hinunter.

SCHÜLER: Das ist eine schöne Geschichte. Ich möchte wissen, wie sie weitergeht.

LEHRER: Es ist nicht irgend*eine* Geschichte, es soll *deine* Geschichte werden. Wohin sie führt, mußt du selbst erproben.

SCHÜLER: Aber wo gibt es den Brunnen, in den ich springen könnte?

LEHRER: Weitab und doch nahe. „Sie gingen lange, und noch am selben Tag kamen sie an", heißt es. Je weiter du in die Welt ausschweifst, um so entfernter bist du ihm. Suchst du bei dir, schaust du über seinen Rand.

SCHÜLER: Dann ist der Brunnen in mir?

LEHRER: Deine eigene Tiefe!

SCHÜLER: Aber warum dann Angst haben. Was in mir ist, muß ich doch nicht fürchten?

LEHRER: Nichts ist den Menschen unbekannter und erschreckender als die eigene Seele. Die meisten Menschen haben Todesängste, in das Brunnenloch zu steigen und den Abstieg zum unbekannten Seelengrund zu wagen. Sie leben nur außen, von allem gefesselt, was zur Schau gestellt wird, aber sie werden schon verwirrt, wenn sie nur einen Blick über den Brunnenrand werfen sollen. Ihre Sicherheit liegt im Geläufigen der äußeren Welt; vor der Tiefe in sich selbst sind sie voll hilfloser Not. Aber der Brunnen ist noch nicht verschüttet. Wer ehrlich will, kann ihn finden und das Wagnis beginnen.

SCHÜLER: Ich bin nicht sicher, daß ich das will.

LEHRER: Dann zähl dich zu den älteren Brüdern. Sie bilden die Mehrheit. Mit ihnen verbindet sich keine Hoffnung.

SCHÜLER: Wie also komme ich in die Tiefe?

LEHRER: Zunächst mußt du mit dir allein sein können! Wenn du es versuchst, wirst du sehen, wie schwer das ist. Du kannst unruhig werden und sogar Angst verspüren. Dann wird dich nichts anderes drängen als der Wunsch, schnell wieder nach oben zu kommen. Du wirst dir vorsagen, Alleinsein sei sinnlos, führe zu nichts, und ähnliches.

SCHÜLER: Und? Ist es wirklich anders?

LEHRER: Es ist anders. Aber nicht sofort und nicht nach drei Wochen. Dazu gehören Beständigkeit und Geduld. Für jemanden, der das Alleinsein wieder und wieder übt, verändert sich die Welt. Dann werden die Dinge zugänglich: Es wird zugänglich der Baum, zugänglich wird der Himmel, zugänglich wird der Bach.

Was zuvor im geschäftigen Leben nur zufällig da war, wird jetzt die eigentliche Welt. Die kann man nur durch häufiges, müh-seliges Alleinsein erfahren.

Hier sind ein paar Übungsaufgaben für dich.
Schreibe sie auf einen Zettel. So oft du alleine
bist, kannst du sie immer wieder lesen, bis du die
Texte inwendig verstehst.


Geht man nicht aus der Tür,
kennt man die Welt.
Blickt man nicht aus dem Fenster,
sieht man des Himmels Weg.
Je weiter man ausgeht,
desto weniger kennt man.


Das Kleine sehen,
heißt erleuchtet sein,
das Weiche bewahren,
heißt stark sein.
Braucht man sein Leuchten
und kehrt zu seinem Licht zurück,
so verliert man nichts bei des Leibes
Zerstörung.
Das heißt: in das Ewige eingehen.

Die fünf Farben
machen des Menschen Augen blind.

Die fünf Töne
machen des Menschen Ohren taub.

Die fünf Würzen
machen des Menschen Gaumen schal.

Rennen und jagen
bringen den Menschen zum Wahnsinn.

Darum pflegt der Reine sein Herz,
nicht seine Augen,

bleibt fern der Unrast
und hält sein Innerstes fest.

SCHÜLER: Sag, ist Alleinsein genug? Ein Mensch im Gefängnis ist auch allein, aber ich stelle mir vor, er wird krank davon.

LEHRER: So ist es. Man muß gerne Alleinsein wollen und darin die Stille suchen.

SCHÜLER: Wie geht das zu?

LEHRER: Wichtig ist, daß du auf die Stille horchen lernst:

Stille ist die Mitte des Menschen. Wo sie aufgebraucht ist, meldet sich alles laut an: Die Sprache wird leer, die Bewegung der Hände unruhig, der ganze Mensch Oberfläche. Und weil er das Schweigen nicht mehr kennt, kann er auch nicht mehr zuhören.

SCHÜLER: Aber wo gibt es heute noch Stille? In der Schule macht der Lärm alles und alle kaputt. Die Straßen sind laut. In den Häusern geht nichts ohne Radio und Fernsehen. Wer will, kann mit Musik einschlafen und aufwachen.

LEHRER: Nicht jeden Lärm können wir abstellen. Das ist auch nicht das Wichtigste. Die Stille liegt in der Tiefe. Steig weiter in den Brunnen und hol die Stille ein! Hier sind ein paar Vorschläge, wie du es machen kannst:

– Lerne stillzusitzen! Anfangs kannst du
  erschreckt sein über das Maß an Unruhe, die
  in dir steckt. Aber wenn du, mit einer gläubi-
  gen Geduld, durchhältst, wirst du erfahren,
  daß mit der Stille des Leibes auch deine
  Seele frei wird.

– Sprich so leise wie möglich und nie lauter als
  notwendig! Höre dich bisweilen selbst
  sprechen und prüfe, ob deine Worte verhalten
  genug sind.

– Lerne zuzuhören ohne Ungeduld! Manche
  Menschen möchten immer nur selbst reden.
  Beobachte deine eigene Neigung.

– Sind deine Hände ruhig? Wenn du mit ihnen
  nur herumschnippst, könnte es ein Zeichen
  innerer Unrast sein.

– Geh sparsam mit Unterhaltungsangeboten
  um. Lebe aus eigenen Kräften, ohne Abhän-
  gigkeit von Fertigwaren. Nur so entdeckst du
  deine Möglichkeiten.

*Schüler-Frage an den Holzschneider HAP
Grieshaber: ,,Was machen Sie eigentlich den
ganzen Tag?"*

*Grieshaber: ,,Ich stehe morgens sehr früh auf,
denn ich lebe ja hier in der Natur. Und dann sitz'
oder steh' ich am Fenster und schau hier raus und
lasse mich durch nichts ablenken, durch nichts
ablenken. Ich lese dann kein Buch und höre nicht
Musik. Dann plötzlich bin ich weg, wie man so
sagt, in den Brunnen gefallen. Ich bin einfach weg
– und abends um sechs komme ich wieder raus
aus der Werkstatt und bin von oben bis unten mit
Farbe beschmiert. Was dazwischen passiert ist,
das weiß niemand – außer denen, die mein Bild
nachher an der Wand sehen."*

Quarrtsiluni

Majuaq war eine greise Eskimofrau. Knud
Rasmussen, der Forscher, hatte sie gebeten,
ihm aus der Geschichte ihres Stammes zu
erzählen. Die alte Majuaq schüttelte den Kopf
und sagte: „Da muß ich erst nachdenken,
denn wir Alten haben einen Brauch, der
Quarrtsiluni heißt."

„Was ist Quarrtsiluni?"

„Das werde ich dir jetzt erzählen, aber mehr
bekommst du heute auch nicht zu hören."

Und Majuaq erzählte mit großen Handbewe-
gungen: „In alten Tagen feierten wir jeden
Herbst große Feste zu Ehren der Seele des
Wales, und diese Feste mußten stets mit neuen
Liedern eröffnet werden; alte Lieder durften
nie gesungen werden, wenn Männer und
Frauen tanzten, um den großen Fangtieren zu
huldigen. Und da hatten wir den Brauch, daß in
jener Zeit, in der die Männer ihre Worte zu

diesen Hymnen suchten, alle Lampen ausge-
löscht werden mußten. Es sollte dunkel und still
im Festhaus sein.

Nichts durfte stören, nichts zerstreuen. In
tiefem Schweigen saßen sie in der Dunkelheit
und dachten nach, alle Männer, sowohl die
alten wie die jungen, ja sogar die kleinsten
Knäblein, wenn sie nur eben so groß waren,
daß sie sprechen konnten. Diese Stille war es,
die wir Quarrtsiluni nannten. Sie bedeutet, daß
man auf etwas wartet, das aufbrechen soll.

Denn unsere Vorväter hatten den Glauben,
daß die Gesänge in der Stille geboren werden.
Dann entstehen sie im Gemüt der Menschen
und steigen herauf wie Blasen aus der Tiefe
des Meeres, die Luft suchen, um aufzubre-
chen. So entstehen die heiligen Gesänge."

LEHRER: Wie steht es mit dir? Schaffst du es, alleine zu sein und die Stille zu lieben?

SCHÜLER: Ich möchte es gerne. Ich sehe ein, daß dieser Weg gut ist. Aber er ist schwer. Ich bin noch immer wie die älteren Brüder, die sich zu sträuben beginnen, sobald der obere Brunnenrand sie schluckt.

LEHRER: Nicht allein die Stille führt in die Tiefe. Ich will dir noch andere Schritte für diesen Weg nennen. Wichtig ist es, alles, was du tust, gesammelt und ganz zu tun. Fast jedermann hält es ja heute für möglich, viele Dinge auf einmal zu tun: essen und trinken, nebenher lesen und außerdem noch Musik hören. Oder: Man unterhält sich, raucht und trinkt dabei und verfolgt mit halbem Blick einen Film. Diese Unfähigkeit, sich einer Sache ganz zu widmen, macht es uns schwer, alleine zu sein und das Nicht-tun zu üben. Stillsitzen, ohne zu lesen, zu reden, zu rauchen, zu trinken, ist für die meisten Erwachsenen leider unmöglich. Sie werden unruhig, spielen mit den Händen, rutschen hin und her, jucken und kratzen sich immerfort und verlieren alle Geduld.

SCHÜLER: Also aus innerer Sammlung die täglichen Aufgaben erledigen?

LEHRER: Ohne gleichzeitige Ablenkung!
Täglich eine feste Zeit für Alleinsein und Stille
einhalten. Ohne Gier essen und trinken. Sich
von zerstreuenden Lesestoffen und Filmen
unabhängig machen . . . Das alles gehört dazu.
Du mußt viele kleine und scheinbar unzusam-
menhängende Dinge beherrschen lernen, um die
Tiefe zu entdecken.

Übung in der Wahrheit

Ein großer Lehrer wurde einmal gefragt:
„Machst du ununterbrochen Anstrengungen,
dich in der Wahrheit zu üben?"

„Ja, das tue ich."

„Wie übst du dich selber?"

„Wenn ich hungrig bin, esse ich, wenn ich
müde bin, schlafe ich."

„Das tut jeder. Kann man da von jedem sagen,
daß er sich übt wie du?"

„Nein."

„Warum nicht?"

„Weil die andern, wenn sie essen, nicht essen,
sondern über die verschiedensten anderen
Dinge nachdenken und sich dadurch stören
lassen; wenn sie schlafen, so schlafen sie nicht,
sondern sie träumen von tausend und einem
Ding. Darum sind sie nicht so wie ich."

*Das Tun sei Nicht-Tun,*
*Das Geschäft sei Nicht-Geschäft,*
*Der Genuß sei Nicht-Genuß,*
*Das Große sei Kleines,*
*Das Viele sei Weniges.*


*Nicht-Tun, und doch bleibt nichts ungetan.*

28

## Zuhören

Was die kleine Momo konnte wie kein anderer, das war: Zuhören. Das ist doch nichts Besonderes, wird nun vielleicht mancher Leser sagen, zuhören kann doch jeder.

Aber das ist ein Irrtum. Wirklich zuhören können nur ganz wenige Menschen. Und so wie Momo sich aufs Zuhören verstand, war es ganz und gar einmalig.

Momo konnte so zuhören, daß dummen Leuten plötzlich sehr gescheite Gedanken kamen. Nicht etwa, weil sie etwas sagte oder fragte, was den anderen auf solche Gedanken brachte, nein, sie saß nur da und hörte einfach zu, mit aller Aufmerksamkeit und aller Anteilnahme. Dabei schaute sie den anderen mit ihren großen, dunklen Augen an, und der Betreffende fühlte, wie in ihm auf einmal Gedanken auftauchten, von denen er nie geahnt hatte, daß sie in ihm steckten.

Sie konnte so zuhören, daß ratlose oder unentschlossene Leute auf einmal ganz genau wußten, was sie wollten. Oder daß Schüchterne sich plötzlich frei und mutig fühlten. Oder daß Unglückliche und Bedrückte zuversichtlich und froh wurden. Und wenn jemand meinte, sein Leben sei ganz verfehlt und bedeutungslos und er selbst nur irgendeiner unter Millionen, einer, auf den es überhaupt nicht ankommt und der ebenso schnell ersetzt werden kann wie ein kaputter Topf – und er ging hin und erzählte alles das der kleinen Momo, dann wurde ihm, noch während er redete, auf geheimnisvolle Weise klar, daß er sich gründlich irrte, daß es ihn, genauso wie er war, unter allen Menschen nur ein einziges Mal gab und daß er deshalb auf seine besondere Weise für die Welt wichtig war.

So konnte Momo zuhören!

Die Uhr aus dem Brunnen

Es träumte einer, der sich gerade in einer
Mauserung fühlte, er stände über einem
runden, steinernen Brunnenloch, dessen Mund
war mit einem alten Gitter von Eisenstäben
kreuzweis verschlossen. Das hinderte ihn aber
nicht, seine Angelschnur in den Brunnen zu
tauchen, und, siehe da, er fischte eine Uhr
heraus, eine große, viereckig-altmodische
Wanduhr. Triefend vom Wasser brachte er sie
– das Gitter war ihm dabei nicht im Weg – aufs
Trockene. Er wollte die Zeit auf ihr lesen, aber so
sehr er seine Augen auch mühte, immer rieselte
Wasser über das Zifferblatt, und er konnte
nicht recht erkennen, welche Stunde die Uhr
eigentlich zeigte. Da gab er's auf und senkte die
Uhr wieder – das Gitter war dabei kein Hindernis – behutsam an der Angelschnur in den
tiefen Brunnen zurück.

Er ging fort und ging durch die Straßen seiner
Stadt: den Weg, den er immer zu seiner Arbeit
ging, Geschäftsstraßen waren das, voller
Läden, und dann und wann war an den
Häusern eine Uhr. Er blickte gewöhnlich auf

die Uhren, um sich zu vergewissern, wie spät es sei, um danach sein Tempo zu regeln; so tat er auch jetzt, aber er bemerkte etwas Sonderbares: die Uhren an seinem Wege zeigten zweierlei Zeit, die einen waren alle um ein paar Stunden weiter als die andern. Da fuhr es ihm durch den Kopf: die Zeiten, die sie zeigen, sind alle beide falsch, die richtige Zeit stand auf der Uhr, die aus dem Brunnen kam.

Es nützt nicht viel, die weise Uhr aus dem Brunnen zu fischen, wenn man nicht lesen kann, wie ihre Zeiger stehen; aber wenn man weiß, daß sie im tiefen Brunnen liegt, gelingt es einem vielleicht zu merken, welche Stunde ihr Schlag unten summt.

# *Ich*

## Das Labyrinth

SCHÜLER: Ich hatte dich gebeten, mich das Beten zu lehren. Deine Antwort war: Spring in den Brunnen! Ich fürchte, ich bin der erste, zweite und dritte Bruder in einem. Ich versuche zu springen und kehre vor Angst ständig zurück, bleibe vom Wunsch her aber doch der Jüngste, der in die Tiefe will.

LEHRER: So glaub ich es dir. Es ist keine Aufgabe für wenige Jahre. Es ist ein Lebensweg.

SCHÜLER: Aber Lebenswege führen – wenn schon in die Tiefe – so auch in die Weite!

LEHRER: Darum will ich dir jetzt ein zweites Symbol vorstellen, in dem du leben und beten lernen kannst. Sieh es dir an!

LEHRER: Such mit dem Finger den Weg in die Mitte. Du kannst den Lebensweg eines Menschen er-fahren, der die alltägliche Welt verläßt, um durch eigenständiges Fragen, Denken und Handeln an den Wendepunkt zu kommen. Du gerätst in ein Gewirr von Gängen, die dich viermal siebenmal zwingen, deine Richtung zu ändern. Manchmal glaubst du, die Mitte erreicht zu haben — und gleich darauf sieht es

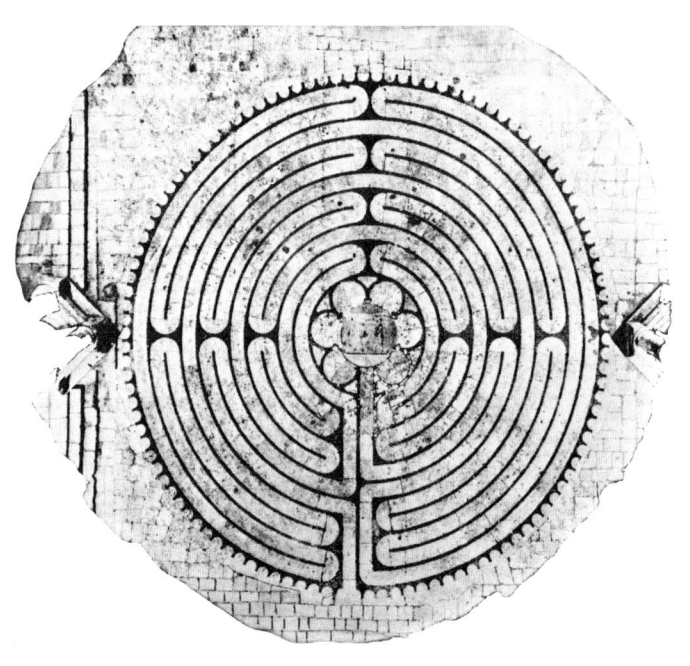

so aus, als ständest du erneut am Anfang. Es ist ein Gehen und Suchen und Suchen und Gehen über Jahre. Alles kommt darauf an, nicht aufzugeben, nicht zurück zu wollen, sondern die Mitte anzustreben. Mitte heißt hier: neues Leben. Hör zu!

Die Stadt Athen war von Minos, dem König
der Insel Kreta, unterworfen worden. Alle
neun Jahre kamen Abgesandte, um den aufer-
legten Tribut zu holen: Sieben Jünglinge und
sieben Jungfrauen sollten es sein, die in das
berühmte Labyrinth des Minos eingeschlossen
und dem wilden Stier darin, dem Minotauros,
vorgeworfen wurden.

Als dieser Tribut zum drittenmal verlangt
wurde, stand Theseus, der Sohn des Königs
von Athen, in der Volksversammlung auf und
erklärte sich bereit, selbst nach Kreta zu gehen,
um den Minotauros zu bezwingen, andernfalls
aber zu sterben.

Als Theseus in Kreta gelandet und vor dem
König erschienen war, verliebte sich dessen
Tochter Ariadne in ihn und schenkte ihm ein
Fadenknäuel, dessen Ende er am Eingang des
Labyrinths festknüpfen und ablaufen lassen
sollte, bis er in die Mitte gelangt sei, wo der
Minotauros hauste.

Bald darauf wurde Theseus in das Labyrinth geschickt, als Führer seiner Genossen. Er drang ein in die Dunkelheit und Wirrnis, gelangte in den Grabesschlund gedärmhaft verschlungener Wege und kämpfte im dunkelsten Grund der Höhle mit dem Ungeheuer, bis er es besiegte. Der abgespulte Faden der Ariadne aber leitete ihn auf dem Wege zurück, um mit neuer Kraft die Heimfahrt anzutreten.

SCHÜLER: Hat das etwas mit Beten zu tun?
LEHRER: Theseus' freiwillige Tat ist eine Form des Gebets. Beten ist verantwortliches Leben. Wer den Weg zum eigenen Selbst sucht, muß – wie Theseus – das Schicksal der Mitmenschen entdecken und sich für sie einsetzen. Das ist kein ausgetrampelter Pfad. Selten geht jemand voran, kaum einer folgt. Das Labyrinth ist Symbol für den Lebensweg des Menschen, der über die gedankenlose Alltäglichkeit hinausführt.
SCHÜLER: Wohin?
LEHRER: Zum eigenen Selbst.
SCHÜLER: Dann ist Beten dienstbereites Leben und ein Zu-sich-selbst-Kommen?
LEHRER: Aufbruch aus dem Gewohnten.
Suchen.
Fragen.
Denken.
Handeln.
Im Vertrauen auf eine Mitte, die alle ersehnen und die uns dennoch schon trägt.
SCHÜLER: Kannst du mir auf diesem Weg helfen? Einen Ariadnefaden geben?
LEHRER: Ich erzähle dir zwei weitere Geschichten. Nimm sie als Fingerzeig.

Das Wasser des Lebens

Von einem alten Vater wird erzählt, der
todkrank war (und es mag der Alte wohl für
Vieles stehen, was innen und außen brüchig
geworden ist). Um ihn zu retten, hieß es, müsse
das Wasser des Lebens gefunden werden, das
aber nur schwer und gefahrenvoll zu gewinnen
sei.

Da sprach der älteste Sohn: „Ich will es schon
finden", hatte aber nicht den Vater, sondern
nur eigenen Vorteil im Sinn. Also machte er sich
auf, und als er eine Zeitlang fortgeritten war,
stand da ein Zwerg auf dem Weg, der rief ihn
an: „Wohinaus so geschwind?" – „Dummer
Knirps", sagte der Junge ganz stolz, „das
brauchst du nicht zu wissen", und ritt weiter.
Doch wohin diese Art führt, zeigte sich bald.
Wie er nun fortritt, taten sich die Berge zusammen, und endlich war der Weg so eng, daß er
keinen Schritt weiter kommen konnte, das
Pferd vermochte er nicht zu wenden und selber
nicht abzusteigen und mußte da eingesperrt
bleiben. So war sein Lebensweg zu Ende,
wenngleich nicht sein Leben.

Da nun der Älteste auf sich warten ließ und nicht heimkam, sagte der Zweite: „So will ich ausziehen und das Wasser des Lebens suchen!" und dachte bei sich, das ist mir eben recht, ist der tot, so fällt mir das Erbe zu. Also zog er gleichen Weges fort und begegnete demselben Zwerg, der hielt ihn wieder an und fragte: „Wohinaus so geschwind?" – „Dummer Knirps", sagte der Junge, „das brauchst du nicht zu wissen", und ritt in seiner Überheblichkeit fort, verlor sich aber ebenso in den Schluchten, bis er weder vor noch zurück konnte.

Wie nun auch der Zweite ausblieb, sagte der Jüngste, er wolle ausziehen und das Wasser des Lebens holen, und er tat so. Als er den Zwerg auf seinem Wege traf, und der fragte: „Wohinaus so geschwind?", rümpfte er nicht die Nase, sondern antwortete ihm: „Ich suche das Wasser des Lebens, weil mein Vater sterbenskrank ist." – „Weißt du denn, wo das zu finden ist?" – „Nein", sagte der Junge. „So will ich dir's sagen, weil du mir ordentlich Rede gestanden hast: Es quillt aus einem Brunnen, in einem verwünschten Schloß, von Hindernissen umlagert, und damit du dazu gelangst, gebe ich dir da eine eiserne Rute und zwei Laibe Brot. Mit der Rute schlag dreimal an das eiserne Tor, so wird es aufspringen. Inwendig werden dann zwei Löwen liegen und den Rachen aufsperren. Wenn du ihnen aber das Brot hineinwirfst, wirst du sie stillen. Und dann eile dich und hol' vom Wasser des Lebens, eh' es zwölf schlägt, sonst geht das Tor wieder zu, und du bleibst eingesperrt."

Da dankte ihm der Junge, ging hin und fand alles, wie der Zwerg gesagt hatte. Er überwand das Tor und die Löwen und schritt durch die Gänge und Räume des Schlosses, ein um das andere Mal versucht, zu verweilen und sein Ziel zu vergessen. Da war ein großer Saal mit Kostbarkeiten, die er mißachtend zurückließ. Und weiter kam er in ein Zimmer, darin war eine Prinzessin, die freute sich, als sie ihn sah, küßte ihn und sagte, er möge wiederkommen und sie heiraten. Sie sagte ihm auch, wo der Brunnen wäre mit dem Lebenswasser, er müsse sich aber eilen und daraus schöpfen, eh' es zwölf schlüge.

Da ging er weiter und kam endlich in ein
Zimmer, darin stand ein schönes, frischgedeck-
tes Bett, und weil er müde war, wollte er sich erst
ein wenig ausruhen. Also legte er sich und
schlief ein, wie er aber erwachte, schlug es drei
Viertel auf Zwölf. Da sprang er ganz
erschrocken auf, lief zu dem Brunnen und
schöpfte sich einen Becher, der daneben stand,
voll und eilte, daß er fortkam. Wie er eben zum
eisernen Tor hinausging, da schlug's zwölf, und
das Tor fuhr zu, so heftig, daß es ihm noch ein
Stück von der Ferse wegnahm.

SCHÜLER: Wieso ist das eine Labyrinth-Ge-
schichte?

LEHRER: Labyrinthe haben viele Namen und
viele Gestalten; hier ist es ein Schloß, von
Mauern und Toren umgeben. Um in seine
Lebensmitte zu gelangen, muß man immer
neue Herausforderungen bestehen, die leicht
in Sackgassen enden können:

– Das Tor mit den Löwen verlangt Mut;

– Den Saal mit dem Reichtum der Welt
passiert nur, wer nicht bestechlich ist und wem
die Habgier nicht das Ziel im Herzen auslöscht;

– Selbst die Prinzessin, zu der der Liebesfunke
überspringt, darf nicht vor der Zeit beherber-
gen;

– Und endlich ist das Bett zu überwinden, eine
Versuchung, der die wenigsten entgehen, wenn
die Alltäglichkeiten des Hauses und des Berufs
sie erschöpfen, noch bevor sie das Wasser des
Lebens finden.

SCHÜLER: Aber wieso gibt es in dieser
Geschichte keinen Minotauros, der die
Menschen fressen will, sondern einen Brunnen,
aus dem das Lebenswasser fließt?

LEHRER: Der Kampf mit dem Ungeheuer ist
allemal fällig: Der Zwerg, das Tor, der Löwe,

die Geliebte, das Bett wollen redlich bestanden sein. Immer geht es darum, sich selber loslassen zu können. Das ist jedesmal ein Kampf mit dem Drachen – auf Leben und Tod. Wer diese Prüfung meistert, gewinnt „alles".

SCHÜLER: Dann ist es hier wie überall: Dem Tüchtigen gehört die Welt?

LEHRER: Nein. Nicht dem Tüchtigen. Die beiden älteren Jungen waren „tüchtig". Aber auf dem Weg nach Innen nutzt solche Tüchtigkeit nichts. Das Wasser des Lebens findet nur, wer gelassen, tapfer und ausdauernd ist. Und der Liebende. Hör noch einmal zu!

## Der schreiende Berg

Eine Prinzessin, so wird erzählt, war alleine im Garten, umgeben von den Mauern des Schlosses und ihrer Zufriedenheit. Prinz Bahman, ihr Gatte, war jagen und wollte spät erst heimkehren. Da trat ein fremdes Weib ans Tor, sah den blühenden Garten, staunte über die Pracht und sprach: „Gewiß, hohe Herrin, Euer Garten ist schön, aber Ihr seht nur, was Ihr kennt. Allein das dritte Auge erblickt des Glückes Mangel. Könntet Ihr den ausfüllen, so wäre Euer Garten vollkommen."

Das Weib stockte, doch ihre Worte genügten, der Prinzessin Begehren zu wecken. Mit sich steigernder Heftigkeit drang sie in das Weib, ihr das Geheimnis zu enthüllen. Schließlich sagte die Alte: „Was Eurem Garten fehlt, ist des Glückes eigene Quelle: das goldene Wasser, der sprechende Vogel und der singende Baum. Dreimal sieben Tagereisen von hier im Lande Hind ist dies alles zu finden. Doch wer immer aufbricht, die Dinge zu suchen, begehre ohne Begehrlichkeit."

Als die Frau gegangen war, überfiel Prinzessin Perisadah große Unruhe. Erst die Schritte des Prinzen rissen sie aus ihrem Grübeln. Kaum hatte sie dem Gatten von ihrer Begegnung erzählt, ergriff auch diesen das Verlangen wie nach einem verlorenen Schatz. Noch im Schlaf verfolgte ihn die Unruhe, und als der Tag dämmerte, war sein Pferd gesattelt, stand der Diener bereit. Zärtlich nahm Prinz Bahman von seiner Liebsten Abschied und ritt dem unbekannten Lande Hind entgegen, der Mühsal des Weges nicht achtend.

Er ritt wie im Traum, bis die Täler einsam wurden, menschenleer die Steppen, und der letzte Pfad sich am Fuße eines Gebirges verlor. Am Morgen des einundzwanzigsten Tages traf er am Ende der Schlucht, wo die Paßsteige zur Höhe anhob, einen Derwisch, der ohne Gegengruß und Blick, tonlos in der Stimme und wie aus fernen Räumen sagte: „Kehre um! Wer strebt, verliert, wer nicht will, gewinnt. Nicht wollen, nicht wahrnehmen, nicht haben allein eröffnet den Weg. Es werden dich Bilder aus der Tiefe überfallen und Stimmen von allen Seiten. Aber wehe dir, den Blick zu wenden!

Noch einmal sage ich: Wehe! Wo immer du gehst, lauert der Tod, und schaffst du's nicht heute, so gibt es kein Morgen!"

Der Prinz, voller Ungeduld und ohne Bereitschaft, in den Sinn der dunklen Worte einzudringen, gebot seinem Burschen zu warten, nur einen Tag lang, und begann den einsamen Aufstieg. Tiefe Stille umhüllte den Berg. Endlos dehnten sich Halden scharfen Gerölls, von großen schwarzen Steinen durchsetzt, die umso dichter den Berg bedeckten, je höher er kam. Der Prinz schritt festen Mutes aus, seines Zieles gewiß. Da, mit donnerndem Schlag, zerriß das Schweigen, und ein Stimmengewirr wie aus tausend Kehlen erfüllte den Berg. Es war ein Rufen und Locken, ein Flüstern und Drohen, hierhin und dorthin ihn zerrend, wie der Derwisch es gesagt hatte. Unbeirrt stieg der Prinz weiter, ohne Acht auf die Stimmen der Verführung, die ihn aus den Tagen seiner Kindheit, aus den verborgenen Wünschen seines Lebens zu überwältigen suchten. Taub blieb er gegen das Drängen seiner Freunde, gegenüber dem Flüstern alter Träume. Reglos stockte er vor dem ehernen Wagen, der tosend

gegen ihn auffuhr – als gellender Peitschen-
knall an sein Gesicht schlug: jäh schnellte Prinz
Bahman wie getroffen herum, aber noch
während den Blick er wendet, zur Abwehr
bereit, und zugleich die Warnung des
Derwischs erinnernd, lähmt kalte Starre ihn,
die Nacht sinkt, und nichts verbleibt als schwarzer Stein.

Eine Nacht und noch einen Tag wartet der
Diener, dann reitet er heim. Die Worte des
Derwischs, die er kündet, sind der Prinzessin
eine sichere Botschaft des Todes. Sie versinkt in
tiefste Trauer, stumm und vom Schmerz
gelähmt und zugleich von einer Liebe bewegt,
die nicht sterben will. Nicht länger hält das
Haus sie fest, sie rüstet zum Aufbruch, den
Geliebten zu suchen.

Allein auf ihr Herz gestellt, findet sie den Weg,
tief in sich versunken, die Worte des Derwischs
überdenkend, lange und genau. Nach dreimal
sieben Tagen erreicht sie den Heiligen, verneigt
sich tief und geht, ohne den Schritt zu verzögern,
fraglos an ihm vorbei auf den schreienden

Berg. So tief ist ihre Versunkenheit in der
Sehnsucht nach dem Geliebten, den ihr Begehren in den Tod geleitet hat, so übermächtig
ihre Liebe, daß nichts anderes an ihr Ohr
dringen kann als nur dies Eine, nach dem sie
selber lautlos schreit, und das alleine der
sprechende Vogel ihr offenbaren kann. Was
immer rufen und ablenken mag, es verwirrt ihr
weder den Sinn noch den Schritt; und was auch
an dröhnenden Bildern gegen sie aufsteht, ihre
Seele bleibt gehalten und durch nichts zu
verwirren. Schon erreicht sie die Höhe, ergreift
den sprechenden Vogel und spricht: „Ich will
von meinem Geliebten hören, ob er tot oder
lebendig ist, und wo ich ihn finden kann." Da
bricht reine Stille ein, und der sprechende Vogel
antwortet: „Lieben ist Finden. Schöpf aus dem
Springquell von goldenem Wasser und
bespreng damit, was an Leben erstarrte auf
diesem Berg. Dein Geliebter ist nicht fern;
weder liegt er tot, noch ist er lebendig."

Bald stand die Prinzessin vor dem Brunnen aus
trinkbarem Gold, über dem sich der Baum
wölbte mit einer singenden Krone, die hell
leuchtete. Sie schöpfte aus dem Lebensquell

und brach einen Zweig aus dem Blütenge-
wölbe, so daß sie nun alle drei Wunder besaß.
Dann ging sie umher und besprengte die Felsen,
die dunkel über den Berg verstreut lagen, mit
ihrem goldenen Wasser. Und wie die ersten
Tropfen die Steine netzten, kam Leben in die
starren Gestalten, ihr Geliebter, im Kummer
und Leid fast schon verloren, stand auf,
umarmte sie, und der Berg war erfüllt mit
Menschen. Ein Leben lang hatten die einen
dort geschlafen, andere nur kurze Zeit, alle
Alter und Schicksale erfüllten das bewußtlose
Feld. Die Prinzessin führte die Erlösten ins Tal
hinab, wo ihre Wege sich trennten.

Prinz und Prinzessin reisten in ihr Schloß
zurück und erfüllten mit ihren Wundern
Garten und Haus. Hinfort hörten sie auf den
Fall des lebendigen Wassers, den singenden
Baum und die Stimme des Vogels – und wir
wollen hoffen, daß sie mit diesen Gaben nicht
in ihr altes Leben zurückkehrten, sondern eine
neue Welt schufen.

SCHÜLER: Du meinst also, mit dem Wasser des Lebens dürfe man nicht die alte Welt wiederherstellen wollen, sondern es sei da, eine neue Welt zu schaffen?

LEHRER: So ist es. Unser Sprung in den Brunnen und der Weg durchs Labyrinth sind wichtig um größerer Ziele willen. Wer springt schon in den Abgrund, wer kämpft schon mit dem Drachen, wenn hinterher alles so weitergehen soll wie vordem?

SCHÜLER: Und das Wasser des Lebens? Der Springquell aus trinkbarem Gold?

LEHRER: Es sind die Symbole eines anderen Lebens, einer rettenden Wirklichkeit, die niemand machen und kaufen kann. Dieses Leben liegt jenseits des Geläufigen. Ohne die Dunkelheit zu bestehen, gewinnt es niemand. Aber wer es findet, gewinnt es als Auftrag für eine bessere Welt.

# *Ich*

## Der Lebensbaum

SCHÜLER: Es gibt Leute, die sagen, Beten sei eine Flucht vor der Verantwortung. Wer sich drücken wolle oder hilflos sei, rufe Gott in die Lücke.

LEHRER: Viele denken so. Aber fromm ist das nicht. Gebet ist kein Schlupfwinkel vor der Verantwortung. Beten heißt: Sich stellen!

SCHÜLER: Dann bedeutet beten also nicht, Verantwortung auf Gott zu schieben?

LEHRER: Im Gegenteil. Wer betet, bedenkt mit letztem Ernst, was er selbst – er selbst! – für andere tun kann.

SCHÜLER: Hat das etwas mit dem Brunnen und dem Labyrinth zu tun?

LEHRER: Ohne uns selbst zu finden, können wir auch anderen nicht helfen. Wer vor der Tiefe des Brunnens und den Irrgängen des Labyrinths zurückschreckt, kann niemals seinen Wanderstab in die Erde stecken und ihn dann Blätter treiben und Früchte tragen sehen.

SCHÜLER: Was heißt das?

LEHRER: Es ist mein letztes Bild, in dem ich dich beten lehren möchte. Hör noch einmal zu!

Als der Sioux-Indianer Schwarzer Hirsch – er lebte von 1863 bis 1950 – ein Kind war, kämpfte das rote Volk um Land und Leben. Mit wachsender Zahl überrannten die Weißen die Prärie, nahmen an sich, was immer sie brauchten, und ermordeten grausam die indianischen Stämme.

Wie tödlich die Bedrohung für alle Indianer war, konnte ein einzelner damals nicht überblicken. Doch in einer großen Vision erkannte Schwarzer Hirsch schon als Neunjähriger seine Berufung, dem eigenen Volk zu helfen. Er vernahm eine Stimme, die zu ihm sprach: „Dir ist anvertraut der heilige Stab und der Kreis deines Volkes. In die Mitte des Kreises sollst du den Stab setzen und ihn zu einem schirmenden Baum aufwachsen lassen und zu voller Blüte."

Schwarzer Hirsch berichtet, was er sah:

„Da faßte ich den glänzenden roten Stab, und in der Mitte des Stammkreises stieß ich ihn in die Erde. Als er den Boden berührte, bewegte er sich mächtig in meiner Hand und war ein

grünender Baum, sehr hoch und voll blättriger
Äste und singender Vögel. Unter ihm waren
alle Tiere mit den Menschen versammelt wie mit
Verwandten und stießen Freudenrufe aus. Und
alle Männer und Frauen riefen: „Hier werden
wir unsere Kinder aufziehen und sein wie
Küken unter Mutter Scheos Flügel."

Damals erzählte Schwarzer Hirsch niemandem von diesem Gesicht. Um so mehr dachte er
darüber nach. Er erlebte, wie sein Volk aus dem
eigenen Land vertrieben wurde, wie weiße
Soldaten in immer neuen Kämpfen Männer,
Frauen und Kinder töteten. Je größer die Not
anwuchs, um so heftiger bedrängte ihn die
Frage, wie er, ein Junge, seinem Volk helfen
könnte.

„In jenem Winter, als ich fünfzehn Jahre alt
war, dachte ich viel an mein Gesicht und fragte
mich, wann sich mir eine Aufgabe stellen werde;
denn ich hatte geschaut, wie der Ring des
Volkes zerbrach und der blühende Baum
verwelkte, bevor ich mit der Kraft, die mir
gegeben ward, den Ring wieder zusammen-
schließe und den heiligen Baum in der Mitte

blühen mache. Doch ich konnte zu niemandem etwas davon sagen, da ich doch bloß ein Junge war. Die Leute hätten gedacht, ich sei närrisch, und mir geantwortet: ‚Was kannst du schon tun, wo selbst die Häuptlinge nichts tun können?'

Als ich sechzehn Jahre alt war und ein wenig darüber, schien es mir, ich könne an nichts anderes mehr denken als an mein Gesicht, und doch hatte ich noch nichts getan, um den heiligen Baum wieder blühen zu machen.

Eine schreckliche Zeit begann jetzt für mich, und ich konnte niemandem, nicht einmal Vater und Mutter, etwas sagen. Ich hörte die Donnerwesen mir zurufen: ‚Spute dich!' Ich konnte die Vögel verstehen, wenn sie sangen, und immer sagten sie: ‚Es ist Zeit! Es ist Zeit!' Die Raben am Tag und die Präriewölfe in der Nacht, alle riefen und riefen mir zu: ‚Es ist Zeit! Es ist Zeit!'

Zeit wozu? Ich wußte es nicht. Wann immer ich vor Tagesanbruch das Tipi verließ, weil ich mich vor der Stille, wenn alles schlief, fürchtete, dann sprachen im Osten viele leise Stimmen,

und der Morgenstern sang in die Stille dieses
Lied:
   ‚In heiliger Weise sollst du gehen!
   Dein Volk soll auf dich schauen!‘ "

Es vergingen weitere Jahre. Unzählige
Stammesgenossen waren im Kampf getötet
worden. Das rote Volk zersplitterte zwischen
Flucht und Anpassung. Und während der
Kreis des Volkes zerbrach, der Baum des
Lebens erstarb, erwachte die Vision der
Kindheit immer mahnender.

So kleidete sich schließlich Schwarzer Hirsch,
nun schon ein Mann, in heiliger Weise, um bei
einer Stammesfeier seinen Weg zu erkennen.

Schwarzer Hirsch erzählt:

„Guter Donner, der ein Verwandter meines
Vaters war, legte seine Arme um mich, geleitete
mich zu dem heiligen Baum, der nicht geblüht
hatte, und sprach hier ein Gebet für mich. Er
sagte: ‚Vater, Großer Geist, schau her auf
diesen Knaben! Deine Wege soll er erkennen!‘
Dann weinte er.

Ich dachte an meinen Vater und meinen Bruder und meine Schwester, die uns verlassen hatten, und ich konnte das Strömen meiner Tränen nicht hindern. Ich weinte mit meinem ganzen Herzen, und während ich weinte, dachte ich an mein Volk in seiner Verzweiflung. Ich dachte an mein Gesicht und wie mir versprochen ward, daß meine Leute einen Platz auf dieser Erde haben sollten, wo sie jeden Tag glücklich sein könnten. Ich dachte an sie, die nun auf dem falschen Weg gingen, doch vielleicht konnten sie in den Ring zurückgebracht werden und auf den guten Weg.

Unter dem Baum, der nimmer blühte, stand ich und weinte, weil er verdorrt war. Tränenüberströmt bat ich den Großen Geist, ihn mit Leben zu beschenken und mit Blättern und mit singenden Vögeln, so wie ich es in meinem Gesicht geschaut hatte."

Schwarzer Hirsch wurde 87 Jahre alt. Sein ganzes Leben war Gebet für sein Volk. Als er schon ein alter Mann war, bestieg er mit Freunden jenen Berg, von dem aus er in seinem Gesicht den blühenden Baum des roten Volkes

geschaut hatte. Nachdem er sich hier gekleidet
und bemalt hatte, wie damals zur Zeit seiner
Vision, rief er:

„Hey-a-a-hey! Hey-a-a-hey! Hey-a-a-hey!
Großer Geist, noch einmal schau mich an auf
Erden und neige dich meiner schwachen
Stimme. Du lebtest zuerst, und du bist älter als
alle Not, älter als alles Gebet. Tag ein, Tag aus,
immerdar, bist du das Leben der Dinge.

Darum schicke ich eine Stimme, Großer Geist,
mein Großer Geist, der du nichts vergissest,
was du geschaffen, nicht die Sterne des Alls,
nicht die Gräser der Erde.

Du sagtest mir, als ich noch jung war und
hoffen konnte, wenn ich in Not sei, solle ich
viermal eine Stimme schicken, für jedes
Weltviertel einmal, und du werdest mich
erhören. Heute schicke ich eine Stimme für
mein Volk in Verzweiflung.

In die Mitte der Welt hast du mich gebracht und mir die Güte und die Schönheit und die Seltsamkeit der grünenden Erde gezeigt, der einzigen Mutter – und dort hast du mir die Geist-Formen der Dinge gezeigt, so wie sie sein sollten, und ich habe sie gesehen. In der Mitte dieses heiligen Kreises hast du gesagt, ich solle den Baum zum Blühen bringen.

Unter rinnenden Tränen, o Großer Geist, Großer Geist, mein Großvater – unter rinnenden Tränen muß ich nun bekennen, daß der Baum nie geblüht hat. Ein beklagenswerter alter Mann, so siehst du mich hier, und ich bin abtrünnig geworden und habe nichts getan. Hier, in der Mitte der Welt, wo du mich hingebracht und unterwiesen hast, als ich jung war; hier, nun alt, stehe ich, und der Baum ist verdorrt, Großvater, mein Großvater!

Nochmals, und vielleicht zum letztenmal auf dieser Erde, rufe ich das große Gesicht wieder auf, das du mir gesandt hast. Es könnte ja sein, daß eine kleine Wurzel des heiligen Baumes noch lebte. Nähre sie, auf daß sie Blätter und Blüten trage und sich mit singenden Vögeln fülle. Höre mich, nicht um meinetwillen, um meines Volkes willen; ich bin alt. Erhöre mich, auf daß sie wiederum in den heiligen Ring zurückkehren und den guten roten Weg finden, und den beschirmenden Baum!"

SCHÜLER: War hier nicht alles vergeblich? Sein Leben lang suchte er den Weg, wie er seinem Volk helfen könnte, und fand doch aus dem Labyrinth nicht heraus. Was also nutzt solch ein Kampf, den du ‚Gebetetes Leben‘ nennst, wenn alles scheitert?

LEHRER: Jesus ist auch gescheitert. Am Kreuz fand er sich von Gott und der Welt verlassen. Und trotzdem hat der tote Kreuzesbaum Blätter getrieben und geblüht, – und er blüht selbst heute noch, wenn wir es wollen.

SCHÜLER: Wie meinst du das?

LEHRER: Weil *er* gelebt hat, können andere leben. Wäre er nie gewesen, hätten wir nicht gelernt, den ausgeplünderten und geschlagenen Fremden als Bruder anzunehmen. Folgen wir ihm aber, blüht sein und unser Lebensbaum.

SCHÜLER: So trifft das für den Indianer Schwarzer Hirsch allerdings nicht zu. Schwarzer Hirsch sollte ja den Baum seines Volkes, das einer Übermacht erlag, zum Blühen bringen, und es ist ihm nicht gelungen. Wie hätte es auch sein können!

LEHRER: Es ist der Weltenbaum, der blühen soll. Unser Lebensbaum und der Weltenbaum haben Anteil aneinander. Doch ist bis heute der

Weltenbaum noch immer das Kreuz, an dem die Menschen leiden und sterben: die Ausgebeuteten, Hungernden, Gefolterten, Verjagten . . . Aber unsere Hoffnung ist, daß einmal der Kreuzesbaum für alle Völker erblüht, selbst wenn unsere Augen es nicht mehr sehen. Für diese Zukunft muß unser Leben Stamm und Wurzel werden. Wie für Schwarzer Hirsch soll dies mein und dein Traum bleiben, für dessen Wahrheit wir leben.

Der blühende Baum

Christophorus nahm eine große Stange in
seine Hand statt eines Stabes, darauf stützte er
sich im Wasser und trug die Menschen alle
hinüber ohn Unterlaß.

Danach über manchen Tag, da er einst in
seiner Hütte ruhete, hörte er, wie eines Kindes
Stimme rief ›Christophore, komm heraus und
setz mich über‹. Er stund auf und lief hinaus,
konnte aber niemanden finden; also ging er
wieder in seine Hütte. Da hörte er die Stimme
abermals. Er ging wieder hinaus und fand
niemanden. Danach hörte er die Stimme zum
drittenmale wie zuvor; und da er hinausging,
fand er ein Kind am Ufer, das bat ihn gar sehr,
daß er es hinübertrage. Christophorus nahm
das Kind auf seine Schulter, ergriff seine
Stange und ging in das Wasser. Aber siehe,
das Wasser wuchs höher und höher, und das
Kind ward so schwer wie Blei. Je weiter er schritt,
je höher stieg das Wasser, je schwerer ward
ihm das Kind auf seinen Schultern; also daß er
in große Angst kam und fürchtete, er müßte
ertrinken. Und da er mit großer Mühe durch den

Fluß war geschritten, setzte er das Kind nieder und sprach ›Du hast mich in große Fährlichkeit bracht, Kind, und bist auf meinen Schultern so schwer gewesen: hätte ich alle diese Welt auf mir gehabt, es wäre nicht schwerer gewesen‹. Das Kind antwortete ›Des soll dich nicht verwundern, Christophore; du hast nicht allein alle Welt auf deinen Schultern getragen, sondern auch den, der die Welt erschaffen hat. Und damit du siehst, daß ich die Wahrheit rede, so nimm deinen Stab, wann du wieder hinüber gegangen bist, und stecke ihn neben deiner Hütte in die Erde; so wird er des Morgens blühen und Frucht tragen‹.

Christophorus ging hin und pflanzte seinen Stab in die Erde; und da er des Morgens aufstand, trug der Stab Blätter und Früchte.

# *Gott*

---

## Die Frage

SCHÜLER: Du bist ein seltsamer Lehrer der Religion. Immerfort sprichst du vom Beten, ohne von Gott zu sprechen. Gibt es ein Beten ohne Gott?

LEHRER: Nein. Beten ist Rückbindung an Gott, oder es ist kein Beten. Aber nicht jeder, der „Gott! Gott! Gott!" sagt, meint Gott. Ich habe das Wort gemieden, weil es so sehr mißbraucht und mißverstanden ist. Mit dem Wort „beten" ist es leider ebenso.

SCHÜLER: Als ich dich bat, mich das Beten zu lehren, hatte ich erwartet, du würdest mir Worte und Sätze geben, die meine Gebete sein könnten. Stattdessen hast du mich auf seltsame Wege geschickt. Daß die Geschichten vom Brunnen, vom Labyrinth und vom Lebensbaum den Weg des Gebetes weisen, war für mich überraschend.

LEHRER: So hast du zunächst einmal umdenken gelernt.

SCHÜLER: Mag sein, daß ich schablonenhaft über das Gebet gedacht habe. Aber gerade deine Antworten lassen mich um so mehr nach Gott fragen. Alles, wozu du mich bisher angeleitet hast, gilt ja auch für Atheisten.

Denn jeder Mensch sollte seine Tiefe finden,
den Minotauros besiegen, den Lebensbaum
zum Blühen bringen.

LEHRER: Gewiß.

SCHÜLER: Ist demnach der Weg des Gebetes
nicht notwendig auf Gott ausgerichtet?

LEHRER: Manche beten und sind gottlos.
Andere halten sich für gottlos und beten doch
ihr Leben.

SCHÜLER: Was nennst du Gott? Was gott-los?

LEHRER: Was ich Gott nenne, können kein
Wort, kein Satz, keine Formel wiedergeben.
Leichter ist zu sagen, was ich gott-los nenne.

SCHÜLER: Was also?

LEHRER: Ein Mensch, der sich nicht vorstellen
kann, daß Gott ist, ist keineswegs gottlos.
Wohl aber, wer Gott als nützliche Sache
mißbraucht: mit ihm Geschäfte machen will
und ihn als Vorwand seiner Interessen nimmt.
Ich habe dir einige Beispiele aufgeschrieben,
,,was man alles mit Gott machen kann". Geh
die Liste Punkt für Punkt durch und prüf dich,
ob du sie aus eigener Erfahrung belegen kannst.

*Was man alles mit Gott machen kann*

Man kann Gott verantwortlich machen für
Hunger und Elend.

Man kann Gott leugnen, weil er sich nicht
sehen läßt und Unglück nicht verhindert.

Man kann Gott mieten zu besonderen Anläs-
sen: Er dient der Feierlichkeit und fördert den
Umsatz.

Man kann Gott nur für sich haben wollen und
anderen – besonders Andersdenkenden – Gott
absprechen.

Man kann Gott für die eigene Macht gebrauchen, indem man sagt, alle Autorität komme
von Gott.

Man kann im Namen Gottes Kriege führen,
Menschen verdammen und töten und sagen,
das sei Gottes Wille.

Man kann mit dem Ruf „Gott will es!"
Angriffe als „Kreuzzüge" tarnen und auf
Soldatenuniformen „Gott mit uns" schreiben.

Das alles aber ist gott-los. Man kann mit Gott nichts „machen", weder ihn gebrauchen noch ausnutzen, denn Gott ist Liebe, und daran hat nur Anteil, wer diese Liebe in sich selbst groß werden läßt.

SCHÜLER: Deine Beispiele zeigen, wie sehr das Wort Gott mißbraucht werden kann. Wer das am eigenen Leib erfahren hat, ist verletzlich geworden und mag eine Rede von Gott schließlich nicht mehr hören.

Manchmal denke ich, daß es Gott gar nicht gibt, sondern daß die Menschen diese Idee gebrauchen, um mit ihren eigenen Wünschen zurechtzukommen. Was meinst du, gibt es Gott?

LEHRER: Einen Gott, den „es gibt", gibt es nicht.

SCHÜLER: Was soll das heißen?

LEHRER: Es gibt Vielerlei . . . Steine, Blumen, Vögel, Menschen . . . Alles, was es gibt, ist ein Etwas. Gott ist kein Etwas.

SCHÜLER: Also gibt es keinen Gott?

LEHRER: Auch das ist falsch gefragt. Man kann nach Gott nicht wie nach Sachen fragen. Du mußt zunächst fragen lernen.

SCHÜLER: Was heißt fragen lernen? Ich frage ja immerzu. Mir wäre lieber, ich könnte meine Fragen beantworten lernen.

LEHRER: Fragen lernen heißt, über das hinaus zu fragen, was die Leute für selbstverständlich halten und womit sie sich abgefunden haben.

SCHÜLER: Und wie lernt man das?
LEHRER: Indem man sich nichts schenkt, aber alles abverlangt. Es gibt keine Regeln dafür. Immerhin kann ich dir einige Ratschläge aufschreiben. Du wirst erkennen, was gemeint ist.

*Wenn du nach Gott fragen willst,*
*lerne zu fragen.*

Fragen ist schwerer als antworten.
Die meisten lernen es nie, wissen nicht einmal,
daß man überhaupt fragen kann. Antworten
umstellen ihr Leben, aber nicht Antworten auf
eigene Fragen, sondern Scheinantworten, die
den eigenen Fragen zuvorkommen, damit sie
nur ja nicht gefragt werden.

Willst du fragen lernen, schnür die amtlich
verpackten Bündel auf. Stürz den Inhalt der
geordneten Kisten um und erprobe selbst,
womit du leben kannst. Wag dich auch an die
schweren Pakete mit den Etiketten „Gott",
„Erlösung", „Gebet" heran. Laß dich nicht
irritieren durch die Warnung, es würde dir wie
mit der Uhr ergehen, die du, auseinanderge-
nommen, nicht wieder zusammenfügen
kannst.

Vertrau auf dich und wage zu fragen. Das
führt dich ins Weite. Religion ist eine Straße zu
Gott. Eine Straße ist kein Haus.

*Wenn du nach Gott fragen willst, lerne mit Händen und Füßen, mit Herz und Hirn zu fragen.*

Wie fragen unsere Hände? Indem sie andere Hände suchen.
Wie fragen unsere Füße? Indem sie lange Wege laufen, zu Menschen, deren Leben gegen das eigene steht.

Wie fragt unser Herz? Indem es bei anderen anklopft, die uns brauchen, die wir brauchen.

Wie fragt unser Kopf? Indem er alle Erfahrung von Hand und Fuß, von Herz und Hirn zusammennimmt und weiterdenkt.

*Wenn du nach Gott fragen willst, richte die Ohren.*

Nichts begegnet dir gedankenloser als der Name Gottes. Mit „Gott" schmücken sich alltäglicher Gruß und Dank. „Im Namen Gottes" kommt häufig das Pompöse, Geschwollene und Gewaltige daher. Mit dem

„Willen Gottes" werden Armut und Not,
Krieg und Tod, die gute Absicht und der eigene
Profit überschrieben.

Wer nach Gott fragt, muß feine Ohren haben:
Mit Salbung in der Sprache, falschen Tönen
und dem Anspruch, Gottes Willen zu verkün-
den, versucht man auch heute noch zu betören.

Es sollte deinen Ohren unerträglich werden!

*Wenn du nach Gott fragen willst,*
*öffne die inneren Augen.*

Nur sehen, was greifbar vor Augen liegt?
Oder noch weniger: allein die eigenen
Wünsche und zumal sich selbst?

Sehen, was man nicht sehen kann:

Die Wahrheit der Dinge.
Den Sinn des Leidens.
Die Liebe hinter allem.

Das Herz muß sehen lernen: Herzauge.

*Wenn du nach Gott fragen willst,*
*übe dich, Nein zu sagen.*

Gib es auf, der Leute wegen etwas zu tun oder zu sagen, was dir fremd ist. Du mußt dich selbst achten und ernst nehmen lernen.

Gib auf, der Leute wegen in die Kirche zu gehen (oder auch nicht zu gehen).

Solange du außengesteuert lebst, wirst du Gott mit Autorität verwechseln und bleibst unmündig.

*Wenn du nach Gott fragen willst,*
*mußt du dich selbst suchen.*

Was das Wort Gott meint, ist nur auf einem inneren Weg zu erkennen möglich.

Gott ist ein Wort für den Brunnengrund, in den du springen mußt, wenn du dich selbst finden willst.

Gott ist die Wahrheit der Welt, in der allein Menschen wahr werden können.

Darum ist Gott nur auf einem inneren Weg zu finden. Gott finden heißt, sich selbst finden: frei werden, um zu lieben.

*Wenn du nach Gott fragen willst,*
*liebe die Welt.*

Wolltest du nach Gott fragen und, geschieden davon, nach der Welt, würdest du in Sackgassen laufen. Diese Fragen erlauben kein Nebeneinander, nur ein Ineinander:

Wer tröstet den Trostlosen?
Wer liebt die Ungeliebten?
Wer schafft Raum den Unterdrückten?

Die Antwort geben die Menschen, die lieben. Und wer liebt, erfährt Wahrheit über sich hinaus.

# *Gott*

## Der Name

LEHRER: Was hast du verstanden?

SCHÜLER: Ich habe verstanden, daß man von Gott nicht weiß, wenn man nur übernommene Antworten hat, ohne eigene Erfahrung und Sprache.

LEHRER: Wenn du nur siehst, hörst, denkst und tust, wie alle es tun, wirst du zu wissen glauben, statt zu wissen, daß du nicht weißt. Darum aber geht es!

SCHÜLER: Ich verstehe dich nicht.

LEHRER: Wir „wissen" Gott am ehesten in unseren Fragen. Alles, was wir kennen, ist nicht Gott.

SCHÜLER: Was bleibt dann noch? Nichts! Ist Gott Nichts?

LEHRER: Keineswegs.

SCHÜLER: Wenn Gott nicht das Nichts ist, dann ist er doch irgend Etwas?

LEHRER: Eher ist Gott Alles als irgend Etwas. Ich sagte dir schon: Was je vorhanden ist, ist nicht Gott.

SCHÜLER: Also ist Gott doch ein Name für das Nichts!

LEHRER: Von den Dingen dieser Welt sagen wir, daß sie sind. Aber Gott ist weder, noch ist er nicht. Was immer wir über Sein oder Nichtsein sagen, Gott geht dem voran.

SCHÜLER: Dann können wir von Gott auch nicht sprechen. Wenn Gott weder ist noch nicht ist, ist er nicht sagbar.

LEHRER: Du hast recht: Gott ist unsagbar.

SCHÜLER: Also schweigen wir besser, statt „Gott", „Gott", „Gott" zu sagen.

LEHRER: Es wäre besser, mehr zu schweigen, nicht aber, zu verschweigen, was uns betrifft.

SCHÜLER: Aber das Unsagbare sagen?

LEHRER: Im Sagbaren muß das Unsagbare aufgehoben bleiben. Wo dieser Hintergrund fehlt, wird alles Sprechen von Gott gott-los. In den Religionen – dort, wo sie fromm sind – wird dieses Wissen in Geschichten vom unbekannten Gottesnamen erzählt. Es sind Geschichten, die auf einen Weg zu eigener Erfahrung weisen. Hör zu!

Die Maus

Jusuf ibn al-Hasan erzählt:

Dhu'n-Nun al Misri war im Besitz der Kennt-
nis von Gottes hochheiligem Namen.

Nachdem ich dies mit Gewißheit von ihm
erfahren hatte, begab ich mich nach Ägypten
und widmete mich ein Jahr lang seinem Dienst.
Danach sprach ich zu ihm: „Gott wird sich
deiner erbarmen. Nachdem ich dir treu gedient
habe, bist du mir nun etwas schuldig. Ich
wünsche mir sehnlichst, daß du mir Gottes
hochheiligen Namen mitteilst. Du könntest
keine Stätte finden, an der er so treu aufgehoben wäre wie bei mir." Er aber schwieg.

Sechs Monate lang willfahrte er meinem
Wunsche nicht und deutete mir lediglich an,
daß er mir den Namen vielleicht doch noch
mitteilen werde. Danach holte er eines Tages
aus seinem Hause eine in ein Tuch gebundene
Schüssel nebst Deckel heraus – er wohnte in
al-Dschiza – und sprach: „Du kennst doch
unseren Freund Soundso in Fustat." Als ich

dies bestätigte, erklärte er: „Ich hätte gern, daß du ihm dies überbringst." Da nahm ich die zugebundene Schüssel und trat den weiten Weg dorthin an. Unterwegs dachte ich: „Ein Mann wie Dhu'n-Nun schickt dem Soundso ein Geschenk. Da solltest du eigentlich nachsehen, was dies ist." Ich konnte es nicht erwarten, daß ich die Nilbrücke erreichte. Dort band ich das Tuch los, hob den Deckel auf, und siehe, eine Maus sprang aus der Schüssel und lief davon. Da packte mich eine grimmige Wut, und ich sagte mir: „Dhu'n-Nun al-Misri macht sich über mich lustig und benutzt einen Mann wie mich als Überbringer einer Maus!" In dieser Wut kehrte ich zu ihm zurück. Als er mich sah, erkannte er an meinem Gesicht, was ich dachte. Da sprach er: „Du Tor! Ich habe dir eine Maus anvertraut, und du hast mich betrogen. Wie könnte ich dir da Gottes hochheiligen Namen anvertrauen? Hebe dich fort von mir; nach diesem Erlebnis will ich dich nicht mehr sehen."

LEHRER: Zur Erkenntnis dessen, was das Wort Gott meint, führt nur ein innerer Weg. Hier ist nichts zu erkaufen. Du magst alles lernen, was sich durch Lesen gewinnen läßt. Der Name Gottes ist weder durch Studium noch durch sonstige Worte zu erlangen.

SCHÜLER: Dieser Jussuf ließ sich seinen Wunsch nach Erkenntnis Gottes wenigstens ein ganzes Jahr Einsatz kosten. Ich kann nicht behaupten, meinerseits ernsthafter zu sein. Wer kann da noch erkennen?

LEHRER: Hör dir die Geschichte von Bayasid an! Dann spiegle Jussufs Erfahrung im Schicksal des gottsuchenden Mannes, und umgekehrt. Zwischen beiden Geschichten geh hin und her, und her und hin, dann wirst du hoffentlich verstehen.

Einst kam ein Mann zu Bayasid, dem Mystiker, und sagte, er habe dreißig Jahre lang gefastet und gebetet und sei trotzdem einer Erkenntnis Gottes noch nicht nahegekommen. Bayasid sagte ihm, daß selbst hundert Jahre nicht genug sein würden. Der Mann wollte wissen, warum.

„Weil Eure Selbstsucht als Schranke zwischen Euch und der Wahrheit steht."

„Gebt mir ein Heilmittel."

„Es gibt ein Heilmittel, aber nicht für Euch."

Der Mann drang weiter in ihn, bis Bayasid schließlich zustimmte, ihm das Mittel zu beschreiben.

„Geht und rasiert Euch Euren Bart ab. Dann zieht Euch bis auf ein Lendentuch nackt aus. Füllt einen Futterbeutel mit Walnüssen und begebt Euch auf den Marktplatz. Dort ruft aus: ,Eine Walnuß für jeden Knaben, der mir einen Schlag versetzt!' Danach begebt Euch zum Gerichtshof in die Versammlung der geachteten Bürger und Rechtsgelehrten.

„Aber wie sollte ich so etwas tun können! Gebt mir eine andere Methode."

„Dies ist die einzige Methode", sagte Bayasid, „aber ich sagte Euch ja bereits, daß es für Euch keine Antwort gibt."

SCHÜLER: Mich erinnert diese Geschichte an das Märchen vom König Drosselbart. Der Bayasid hier ist der Drosselbart dort. Beide sorgen sich um einen eitlen Menschen, der „alles" will, ohne sich selbst loszulassen.

LEHRER: Wenn man über sich selbst nicht hinauskommt, tun sich die Berge zusammen, und der Weg wird so eng, daß bald kein Schritt mehr möglich ist.

SCHÜLER: Und dann? Was dann?

LEHRER: Man muß Weite gewinnen. „Religion ist eine Straße zu Gott. Eine Straße ist kein Haus."

SCHÜLER: Sollen deine Bilder von der Straße, vom Weg, von der Weite bedeuten, daß Gott nur in der Ferne gefunden wird?

LEHRER: In einer Nähe, so nah, daß sie vielen unerreichbar scheint.

SCHÜLER: Wie geht das zu? Weite gewinnen und doch in nächster Nähe Gott finden?

LEHRER: So meine ich es. Hör wiederum zu!

## Die grünen Schuhe

Mit importiertem Büchsenfleisch hatte es begonnen: als Grundstein für einen Fischhandel in Damaskus, den Hakim der Ägypter und seine Frau Fatime führten. Später, als sie reicher wurden, erlaubten Kühlwagen und Kühlhaus den Handel mit frischen Fischen, ein lohnendes Geschäft in einer Stadt weitab vom Meer.

Das wachsende Unternehmen und zunehmender Wohlstand drängten Hakim jedoch in immer tiefere Schwermut. Er überließ das Geschäft bald ganz seiner Frau und versenkte sich in den Koran und in die Schriften des Glaubens. Der Tag, an dem Fatime den fünfzigsten Lastwagen und das achte Flugzeug kaufte, war der gleiche, an dem er begriff, wohin er sein Sinnen und Trachten zu richten hatte: auf den hundertsten Namen Allahs. In ihm liegt das Geheimnis der Welt verborgen. Aber soviel Hakim auch las, nirgends stand er geschrieben. Wegen der Bücher, in denen er suchte, mußte er sein Haus unablässig vergrößern. Er stellte drei Sekretäre an, die aus fremden Sprachen für ihn lasen. Er kam in

Briefverkehr mit allen gelehrten Gesellschaf-
ten und allen Bibliotheken der Welt.

Während nun eines Tages eine große Buch-
sendung eintraf, – die deutschen Philosophen
in Gesamtausgaben, – hörte Hakim eine
Stimme: „Hakim, laß die Bücher ungelesen!
Hakim, laß die Bücher ungelesen!" Und
dieselbe Stimme gab ihm den Auftrag:
„Hakim, fahre nach Paris, in die Rue Geoffroy
17, zu dem Schuhmachermeister Albert
Dupont. Er weiß den hundertsten Namen
Allahs! Hakim, fahre nach Paris . . ."

Hakim machte sich auf den Weg und fand
Monsieur Dupont. „Ich komme wegen des
hundertsten Namens, Herr Dupont, wegen des
hundertsten Namens!" Aber der Schuhmachermeister hörte gar nicht hin. Ihn interes-
sierten Füße und Schuhe, und alles, was ihn
trieb, war der Wunsch, seinen Kunden ein
angenehmes, gesundes Schuhwerk zu fertigen.

HAKIM Herr Dupont, halten Sie mich nicht
hin! Wie heißt er, wie heißt der hundertste
Name Allahs?

DUPONT Ich weiß nicht, wie ich zu der Ehre
komme.
HAKIM Weil mich der Prophet zu Ihnen ge-
schickt hat. Es muß einen Grund haben.
DUPONT Gewiß. Sonst hätte Sie Ihr Prophet
nicht gerade zu mir – Ich muß jetzt den linken
notieren, möchte auch eine Zeichnung Ihres
Knöchels anfertigen.
HAKIM Denken Sie doch nach!
DUPONT Ich gebe zu, daß ich für alles etwas
vergeßlich bin, was nicht mit Füßen zusam-
menhängt.
HAKIM *hoffnungsvoll:* Bestimmt ist es so!
Versuchen Sie sich zu erinnern!
DUPONT Ich kenne Ihren Glauben zu wenig.
Ich hatte immer gemeint, Allah hieße Allah.
HAKIM Allah ist Allah und hat hundert
Namen. Neunundneunzig davon sind bekannt.
DUPONT Aha! Zum Beispiel?
HAKIM Der Einzige, der Ewige, der Erste.
DUPONT *listig:* Ich weiß ihn.
HAKIM Ja?
DUPONT Der Letzte.
HAKIM Name vier in der Liste des Ibn Madja.
DUPONT *ebenso enttäuscht:* . . . Kehren wir zu
den Füßen zurück.

Mit seinem Eifer für Hakims Schuhe, die
dieser gar nicht will, bringt Monsieur Dupont
Hakim zur Verzweiflung. Enttäuscht verläßt er
das Geschäft, um nach diesem offensichtlichen
Irrtum des Propheten wieder heimzufliegen.
Da stößt ihn die Stimme unbarmherzig in die
frostige Wirklichkeit von Paris zurück:
„Hakim, geh in das Restaurant ‚Au Poisson
Rouge‘ in der Rue de la Harpe und frage nach
der Köchin Janine. Sie weiß den hundertsten
Namen Allahs.“ Im ‚Poisson Rouge‘ findet
Hakim Janine, eine wohlbeleibte Person. „Die
weltberühmte Küche, Monsieur, das bin ich!“
sagt sie. Aber von Janines Berufsstolz will
Hakim nicht viel hören. Ungeduldig unterbricht
er alle Hinweise auf Janines Küchenkünste.

HAKIM Den Namen, Janine! Allahs Namen,
den hundertsten! Sie wissen ihn!
JANINE Ein Losungswort?
HAKIM Möglicherweise eine Art Losungswort.
Aber nicht die üblichen neunundneunzig,
Janine! Damit lasse ich mich nicht abspeisen!
JANINE Bei mir wird niemand abgespeist!
Meine Ehre als Köchin –
HAKIM Den hundertsten Namen Allahs! . . .

JANINE Wenn es dich beruhigen würde, könnte ich ein Gericht so benennen. Ich habe schon seit längerer Zeit ein Muschelragout im Kopf. Verstehst du, das alles sind Kompositionen. Ich nenne es Kompositionen. Man ist schließlich auch ein Künstler.

HAKIM Sie enttäuschen mich, Janine.

JANINE Oh!

WIRTIN *aus dem Hintergrund:* Janine!

JANINE Die Abendküche, ich weiß. *Zu Hakim:* Wir sind gar nicht zum Thema gekommen.

HAKIM Nein.

JANINE Du bist ein Wirrkopf, daran liegt es. Trotzdem, mir gefällst du ganz gut.

HAKIM Sie gefallen mir auch gut. Aber –

JANINE Bevor wir weiter verhandeln, mußt du erst einmal hier essen. Nicht heute! Ich koche etwas Besonderes für dich.

HAKIM Das ist nicht nötig.

JANINE Freilich ist es nötig, du Narr! Und an einem Tag, wo wir ungestört reden können. Nächsten Donnerstag, ja?

HAKIM Nächsten Donnerstag.

JANINE Und du bist von mir eingeladen.

HAKIM Danke.

JANINE Hast du eine Freundin?

HAKIM Nein.

JANINE Vielleicht hast du bis Donnerstag eine.
Dann bring sie mit.

Hakim verließ Janine in tiefen Zweifeln.
Konnte Mohammed sich irren? Weder Dupont
noch Janine hatten vom hundertsten Namen
Allahs auch nur die geringste Ahnung gehabt,
sie kannten nicht einmal die neunundneunzig
anderen. Er begann Kursbücher und Flugblät-
ter zu studieren. Aber gerade, als er sich für
seine Abreise entschlossen hatte, griff der Prophet nochmals ein: „Hakim, geh zu Mademoi-
selle Ninon Dufresne in der Rue du Beau Sou-
pir 18. Sie weiß den hundertsten Namen Allahs."

HAKIM Guten Tag, Ninon!
NINON Guten Tag, –
HAKIM Hakim.
NINON Guten Tag, Hakim.
HAKIM Der Name sagt Ihnen nichts?
NINON Was soll er mir sagen?
HAKIM Ich dachte, Sie wüßten, daß ich komme.
NINON Ich wußte es nicht, aber ich freue mich.
HAKIM Um alle Mißverständnisse gleich aus
der Welt zu schaffen –
NINON Es wird keine Mißverständnisse geben.

HAKIM Ich kam nicht in dieses Haus, weil es ein solches Haus ist.

NINON Sondern?

HAKIM Wissen Sie den hundertsten Namen Allahs?

NINON Wenn Sie es mir erklären würden –!

HAKIM Nicht die neunundneunzig Namen, die jeder kennt! Den hundertsten, den Namen, der alles begreift, der Himmel und Erde bewegt –

NINON Seien Sie mir nicht böse, aber ich verstehe nichts von all dem.

HAKIM Dann ist auch das ein Mißverständnis.

NINON *aufrichtig bekümmert:* Es tut mir furchtbar leid.

HAKIM Ich verstehe den Propheten nicht.

NINON Aber, nicht wahr, Sie verlangen nicht, daß ich ihn verstehe?

HAKIM Eigentlich doch.

NINON Und deswegen kamen Sie?

HAKIM Ja.

NINON Und gerade zu mir.

HAKIM Ja.

NINON Ich möchte Sie nicht enttäuschen. Offen gesagt: Ich bin nicht besonders klug.

HAKIM Mit Klugheit hat es auch nichts zu tun.

NINON Ich bedaure es oft. Mancher möchte unterhalten sein. Sie glauben nicht, wieviel Probleme es auf der Welt gibt, nach denen ich gefragt werde. Da ist Allah eines von den kleinsten.

HAKIM Es ist das größte.

Hakim erfuhr bei Ninon spontane Zuwendung und Freundlichkeit. Auf Geheiß der Stimme blieb er bei ihr eine Nacht, doch den hundertsten Namen Allahs fand er nicht. Als er verzweifelt Paris verlassen wollte, erfuhr er, daß alle seine Bankkonten gesperrt worden waren, und gleichzeitig telegraphierte ihm seine Frau, sofort heimzukehren. Mittellos machte er sich auf den Weg – zu Fuß – in den grünen Schuhen, die er bei Monsieur Dupont bestellt und mit dem letzten Bargeld bezahlt hatte. Aber erst in Damaskus erkannte er, was vorgegangen war: aus politischen Gründen war er als Ausländer enteignet und zusammen mit Fatime aus allem Besitz gewiesen worden. Bettelarm kamen sie schließlich als Dienstboten in der ägyptischen Botschaft unter.

HAKIM . . . Alles umsonst: Die Reise nach Paris, der Fischhandel und die Worte des Propheten!

FATIME Dabei fällt mir ein: An dem Tag, als ich dir das Telegramm schickte –

HAKIM Der Unglückstag: Dupont gestorben, Ninon mit meinem Geld davon, Janine entführt!

FATIME An diesem Tag sagte mir der Prophet noch etwas.

HAKIM Geschäftlich? . . .

FATIME O nein! Ich erwartete Rat und Hilfe von ihm. Statt dessen fing er an, von Botanik zu reden.

HAKIM Ein neues Gebiet.

FATIME „Eine Dattelpalme", sagte er, „ist eine Dattelpalme."

HAKIM O Weisheit!

FATIME „O Wunder, ich sage sie dir ins Ohr."

HAKIM Wie?

FATIME Er sagte: „O Wunder, ich sage sie dir ins Ohr."

HAKIM Kein besonderes Wunder. Er hat dir ein Wort ins Ohr gesagt. Natürlich. Es gibt überhaupt nur Wörter und keine Dattelpalmen.

FATIME Und dann fuhr er fort: „O Wunder aller Wunder, das nie Gehörte ist eine Dattelpalme."

HAKIM Jetzt aber gibt es nur Dattelpalmen und keine Wörter. Sollte das noch Botanik sein?

FATIME Eine Art Orakel, nicht wahr?

HAKIM Hm. . . .
Und von einem Paar grüner Stiefel hat er nichts gesagt?

FATIME Wie sollte er?

HAKIM Wenn ich aber doch in Paris keine Dattelpalme gesehen habe!

FATIME Wie? Meinst du etwa –?

HAKIM Ja.

FATIME Der hundertste Name Allahs ein Paar grüner Stiefel?

HAKIM Ein Kalbsbraten, eine schöne Nacht.

FATIME Welche Blasphemie! Genug!

HAKIM Vielleicht meint der Prophet, ich würde die Blasphemie in Paris besser verstehen als die Einfalt in Damaskus.

FATIME Welch ein Aufwand!

HAKIM Tant de bruit, um es noch deutlicher zu sagen. Ich muß zugeben, daß mich der Prophet überschätzt hat.

FATIME *zornig:* Und du den Propheten!

HAKIM So ist es. Der hundertste Name Allahs: Ein Kalbsbraten. Wie enttäuschend!

Es vergingen die Jahre. Hakim und Fatime blieben als Hausdiener in der Botschaft. Als sie schon alterten, trat eines Tages ein Jüngling, während Hakim gerade den Treppengang putzte, in das Haus.

JÜNGLING Weist mich nicht ab! Ich komme von weither, meine Füße sind wund.

HAKIM Zu Fuß? Wie unsinnig! Es gibt Schiffe, Autos, Flugzeuge.

JÜNGLING Der Prophet sagte zu mir: Geh! Er sagte nicht: Fahre!

HAKIM Mohammed starb im zehnten Jahr unserer Zeitrechnung.

JÜNGLING Er erschien mir und sagte –

HAKIM Er erschien Euch? Das ist etwas anderes! Setzt Euch hier neben mich auf die Stufen!

JÜNGLING Er sagte: Mache dich auf und gehe nach Damaskus zu Hakim dem Ägypter. Er wird dir sagen, wie er den hundertsten Namen Allahs erfuhr.

HAKIM Ist Euch der Prophet oft erschienen?

JÜNGLING Dieses eine Mal.

HAKIM Woher wußtet Ihr, daß er es war?

JÜNGLING Ich weiß nicht, woher ich es wußte, aber es war darüber kein Zweifel.

HAKIM Er erschien Euch leibhaftig?

JÜNGLING Er erschien nicht eigentlich. Ich hörte seine Stimme.

HAKIM Ganz wie bei mir.

JÜNGLING Wie bei Euch?

HAKIM Früher. Seit Jahrzehnten nicht mehr.

JÜNGLING Das liegt daran, daß Ihr schon alles wißt.

HAKIM Ich?

JÜNGLING Der hundertste Name Allahs! . . . Ihr wollt ihn nicht sagen?

HAKIM Nein, o mein sehr junger Herr.

JÜNGLING Warum nicht?

HAKIM Weil ich ihn nicht weiß. Aber ich will Euch erzählen, wie ich ihn erfuhr.

Und Hakim erzählte dem Jungen seine Geschichte – bis hin zur letzten Enttäuschung, daß der hundertste Name Allahs ein Kalbsbraten sein solle.

JÜNGLING Auch mich enttäuscht das, o Vater der Weisheit.

HAKIM Inzwischen sind dreißig Jahre vergangen, o Jüngling, und es enttäuscht mich nicht mehr.

JÜNGLING Zum Beispiel die Schuhe. Was war Besonderes daran? Sie liefen von selbst, nicht wahr?

HAKIM So sehr von selbst, wie gute Schuhe eben laufen.

JÜNGLING Janines Kalbsbraten?

HAKIM Gut wie ein guter Kalbsbraten ist.

JÜNGLING Die Nacht mit Ninon?

HAKIM So schön wie eine schöne Nacht.

JÜNGLING Nirgends etwas, das über die Sache hinausgeht.

HAKIM Zugegeben.

JÜNGLING *unbefangen:* Oder Ihr habt es nicht bemerkt.

HAKIM Ich will Euch nicht abhalten, junger Herr, weiter nach dem Wunder zu suchen, aber sucht es nicht bei mir!

JÜNGLING Die Nacht mit Ninon ist vorbei, o Vater der Weisheit, und der Kalbsbraten gegessen. Aber die Stiefel, wenn es gestattet ist, dürfte ich die Stiefel sehen?

HAKIM Die Stiefel habe ich weggeworfen, als sie mir nicht mehr dienten.

JÜNGLING Den hundertsten Namen Allahs weggeworfen?

HAKIM O unverbesserlicher Narr! Narr freilich, wie ich selber einer war! Als mir der Star gestochen war, sah und hörte ich den hundertsten Namen Allahs hundert- und tausendfach übersetzt. Im Ruf eines Vogels und im Blick des Kindes, in einer Wolke, einem Ziegelstein und im Schreiten des Kamels.

JÜNGLING Das alles ist also –

HAKIM Es *kann* sein!

JÜNGLING Schattierungen!

HAKIM Die vor Eurer Ungeduld nicht gelten.

JÜNGLING O Vater der Weisheit, Ihr übersetzt.

HAKIM So nenne ichs.

JÜNGLING Ich aber will den Namen, wie er ist.

HAKIM Man muß übersetzen, wenn das Original nicht zu verstehen ist.

JÜNGLING Ich bestehe darauf.

HAKIM Geduldet Euch, junger Herr, Ihr besteht auf Eurem Tod! . . .

JÜNGLING Ach?

HAKIM Über dem Gespräch mit Euch aber habe ich versäumt, den hundertsten Namen Allahs aufs neue zu übersetzen.

JÜNGLING Ich bin begierig.

HAKIM In den Glanz dieser Treppe, junger Herr! Nehmt den Besen und helft mir!

LEHRER: Kannst du die Geschichte in deine
Verhältnisse übersetzen, so wie Hakim den
verborgenen Namen Gottes in seinen Alltag
übersetzen lernte?
SCHÜLER: Auf Anhieb nicht. Ich habe ja noch
nicht einmal alles verstanden.
LEHRER: Dann lies das Ganze so oft, bis du
verstehst.
SCHÜLER: Wie meinst du das?
LEHRER: Daß du in Abständen immer wieder
die Geschichte liest und darüber nachdenkst.
Ich gebe dir noch eine zweite zur Übung und
Hilfe hinzu. Auch hier kannst du beide
Geschichten ineinander spiegeln. Aber verkenn
die Nasrudin-Erzählung nicht! Sie hat mehrere
Bedeutungsebenen. Lies sie eine Zeitlang jeden
Tag und denk über ihren Hintersinn nach.
Einen ersten Schlüssel findest du (spiegelbild-
lich) beigefügt, aber mach dich zunächst
einmal selbst auf den Weg.

Jeden Tag ging Nasrudin mit seinem Esel über
die Grenze, die Lastkörbe hoch mit Stroh
beladen. Da er zugab, ein Schmuggler zu sein,
durchsuchten ihn die Grenzwachen immer
wieder. Sie machten Leibesvisitationen,
siebten das Stroh durch, tauchten es in Wasser
und verbrannten es sogar von Zeit zu Zeit. Nasrudin wurde unterdes sichtlich wohlhabender.

Schließlich setzte er sich zur Ruhe und zog in
ein anderes Land. Dort traf ihn Jahre später
einer der Zollbeamten. „Jetzt könnt Ihr mir es ja
verraten, Nasrudin", sagte er. „Was habt Ihr
damals nur geschmuggelt, als wir Euch nie
etwas nachweisen konnten?"
„Esel", sagte Nasrudin.

Schlüssel:
Die Vermutung, das Göttliche müsse weit weg
oder sehr kompliziert sein, beruht auf
Unkenntnis. Ein Mensch, der so denkt, ist zum
Sehen und Erkennen unfähig. Das Göttliche ist
„nah" und auch „weit weg", jedoch in einem
anderen Sinn, als der Zeitgenosse annimmt.

SCHÜLER: Deine Geschichten, so fremd ihre Herkunft ist, führen mich tatsächlich in meine eigene Welt.

LEHRER: Der Weg zu Gott führt nie von dir weg.

SCHÜLER: Demnach wäre ich schon bei Gott? Oder Gott bei mir?

LEHRER: Überall kannst du schneller und leichter hingelangen als zu dir selbst. Es ist immer ein langer Weg, bei sich selbst anzukommen.

SCHÜLER: Dann bin ich so weit von Gott entfernt, wie ich mir selbst fern bin?

LEHRER: Halt deine Fragen fest und hör noch einmal zu!

Ach!

Wir hielten vor einem kleinen türkischen
Kloster, in dem Derwische lebten, die jeden
Freitag tanzten. Das grüne Bogentor zeigte auf
dem Türbalken eine bronzene Hand – das
heilige Zeichen Mohammeds. Wir traten in
den Hof. Aus einer Zelle kam ein Derwisch auf
uns zu; er legte grüßend die Hand auf Brust,
Lippen, Stirn. Wir setzten uns. Der Derwisch
sprach von den Blumen, die wir rundum
sahen, und vom Meer, das zwischen den
spitzen Blättern des Lorbeerbaumes blitzte.
Später begann er, über den Tanz zu sprechen.

„Wenn ich nicht tanzen kann, kann ich nicht
beten. Ich spreche durch den Tanz zu Gott."

„Was für einen Namen gebt Ihr Gott, Ehrwür-
den?"

„Er hat keinen Namen", antwortete der
Derwisch. „Gott kann man nicht in einen
Namen pressen. Der Name ist ein Gefängnis,
Gott ist frei."

„Wenn Ihr ihn aber rufen wollt? Wenn es notwendig ist, wie ruft Ihr ihn?"

„Ach!" antwortete er. „Nicht: Allah. Ach! werde ich ihn rufen."

Ich erbebte.

„Er hat recht", murmelte ich.

SCHÜLER: Ich nehme an, daß du mir jetzt nochmals eine „Spiegelgeschichte" erzählen willst.

LEHRER: Der Reflektor, in dem sich meine Geschichte aus dem Derwischkloster spiegeln soll, bist du selber!

SCHÜLER: Wie nur?

LEHRER: Überleg doch selbst! Wann sagst du „Ach"?

– Ach! wenn du leidest!

– Ach! wenn du staunst!

– Ach! wenn du betroffen bist!

Du sagst es nicht zu einem anderen, sondern so sprichst du zu dir selbst.

Gott ist nicht außerhalb deiner selbst, er ist innen: Gott – du unser Ich!

# *Gott*

## Das Mandala

SCHÜLER: Deine Ach-Geschichte ist für mich sehr schwierig. Daß Gott mein eigenes Ich sein soll . . .?

LEHRER: Dein tiefster Grund, in den du fällst, wenn du in den Brunnen springst.

SCHÜLER: Eben das verstehe ich noch ganz und gar nicht.

LEHRER: Gib acht. Sobald du innere Ruhe findest, zieh dich zurück und befaß dich mit den folgenden Aufgaben. Sie helfen dir, dich in deinem Verhältnis zu Gott zu erkennen.

Erste Aufgabe

Nimm einen Bogen Papier oder male in den
Sand. Du sollst Gelegenheit finden, Deine
eigene Beziehung zu Gott zu erfassen. Zeichne
zwei Figuren, von denen die eine Gott, die
andere dich darstellt. Jede Figur soll aus nur
einer Linie bestehen, die beliebig verläuft, aber
zu ihrem Ausgangspunkt zurückführt. So
kannst du dein Verhältnis zu Gott durch die
Form, die Größe und den Abstand beider
Figuren zueinander abbilden.

Wenn du dein Bild fertig hast, sieh es dir in
Ruhe an. Versuche, in einem Satz zu sagen, was
du ausdrücken wolltest, und dann schreibe
diesen Satz auf. Später kannst du darauf
zurückkommen.

Zweite Aufgabe

Hier ist eine Karikatur ohne Worte.

Nimm einmal an, das Gespräch der beiden
Männer ginge über Gott. Müßte man nicht
vermuten können, welches Gottesverständnis
der Mönch vertritt?

Überlege dir einen Dialog für beide Personen
und schreibe ihn auf.

Lösungsvorschlag:

„Und hoch über uns wohnt Gott!" zeigt der Mönch. Nachdem der andere sich die frommen Reden eine Weile gefallen läßt, sagt er schließlich: „Wenn du noch länger hochguckst, ohne auf die Straße zu achten, liegst du gleich unten im Gulli. Dann ist dein Gott noch höher über dir und noch weiter weg."

Dritte Aufgabe

Du siehst eine Malerei aus dem 13. Jahrhundert neben einer Zeichnung aus unserer Zeit. Vergleiche beide miteinander. Deine bisherigen Bild-Erfahrungen sind für diesen Vergleich wichtig.

Schreibe auf, wodurch sich beide Bilder unter-
scheiden. Versuche anschließend, eine Erklä-
rung für diese Unterschiede zu finden. Damit
deine Gedanken eine klare Form finden, tu
auch dies schriftlich.

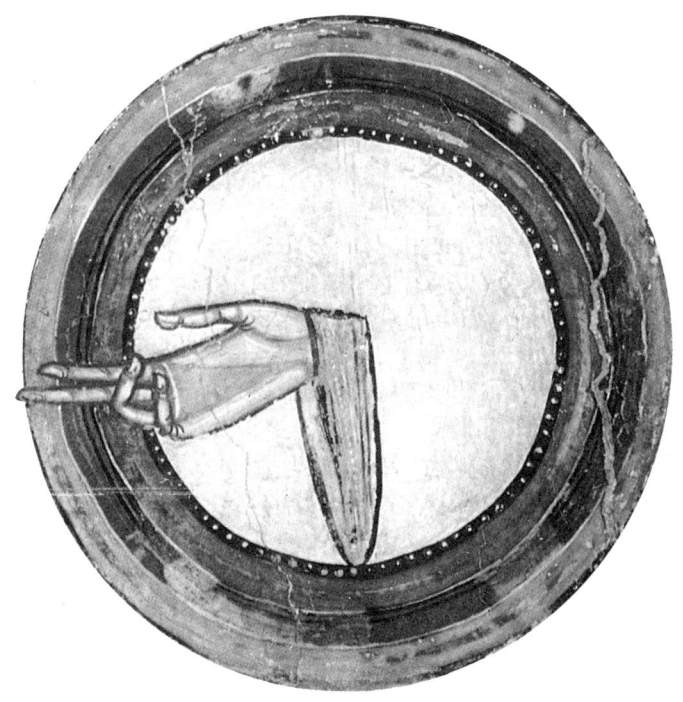

LEHRER: Hast du den Sinn der drei Aufgaben verstanden?

SCHÜLER: Ich denke, es ging um den Sinn der Ach-Geschichte. Ich hatte gefragt, wie Gott mein eigenes Ich sein kann.

LEHRER: Und? Hast du über die Bilder und deine eigene Zeichnung eine Antwort gefunden?

SCHÜLER: Mir schien, es ging allemale um ein Hier oder Dort, ein Außen oder Innen. Mal war der Ort Gottes fern, mal in der Mitte.

LEHRER: Das ist es: Wir dürfen Gott nicht draußen suchen, sondern in uns selbst.

SCHÜLER: Soll meine Zeichnung zeigen, wie weit ich in diesem Verständnis gekommen bin?

LEHRER: Wenn du zwei Figuren gezeichnet hast, die sich nicht berühren oder sich nur schneiden, bist du vermutlich noch weit ab.

SCHÜLER: Aber wenn meine Figuren sich einschließen und umlagern?

LEHRER: Das wäre ein besserer Hinweis. Er könnte bedeuten, daß du Gott in dir und inmitten der Welt erfährst.

SCHÜLER: Dann verweisen mich deine Aufgaben auf den gleichen Weg, den Hakim auf der Suche nach dem hundertsten Namen Allahs gegangen ist?

LEHRER: Ebenso, wie es die Ach-Geschichte tut. Lies noch einmal!

SCHÜLER: „Wenn Ihr ihn aber rufen wollt! Wenn es notwendig ist, wie ruft Ihr ihn?" „Ach!" antwortete der Derwisch. „Nicht: Allah. Ach! werde ich ihn rufen."

LEHRER: Siehst du! Was aus deiner tiefsten Mitte aufsteigt, fast wortlos – ach! – es erreicht Gott unmittelbar, weil er uns näher ist, als wir bei uns selbst sein können.

SCHÜLER: So gesehen führen die meisten Gottesbilder in die Irre. Und demnach wäre es auch falsch, Gott in der Höhe oder draußen zu suchen.

LEHRER: Allerdings.

SCHÜLER: Können wir die Gedanken deiner Ach-Geschichte noch einmal anders sagen? Vielleicht durch ein Bild?

LEHRER: Wie meinst du das?

SCHÜLER: Mich beschäftigt weiterhin das Brunnensymbol. Sicherlich steht der Brunnengrund für die Mitte und Tiefe der Welt. Wer dort ist, ist ganz bei sich und ganz bei Gott.

LEHRER: Du hast recht. Solange wir Gott noch außen suchen, anstatt im eigenen Seelengrund, sind Mensch und Gott sich fremd.

Meister Eckehart sagt: „Einfältige Leute
glauben, sie sollten Gott so sehen, als stünde er
dort und sie hier. Das ist nicht so. Gott und ich
sind eins!"
SCHÜLER: Ist Seelengrund dasselbe wie Seele?
LEHRER: Eckehart nennt den Seelengrund das
Göttliche in jedem Menschen. Gott und
Mensch gehören hier in Einheit zusammen.
SCHÜLER: Dann ist der Weg zu meinem
eigenen Seelengrund der Weg zu Gott. Sich
selbst finden und Gott finden wäre eins!
LEHRER: So verstehe ich es. In diesen
ungeschiedenen Grund – denk an den Brunnen!
– soll sich der Mensch fallen lassen, ohne Seil
und Netz.
Es erscheint als ein Sturz ins Nichts.
Immer ist es ein Weg ins Schweigen.

LEHRER: Auf deinem Wege zur Ein-sicht kann dir ein Bild helfen, das unser inneres Auge führt.

Sieh es dir in Ruhe an.

SCHÜLER: Da ist ein Mensch inmitten zweier Kreise, einem goldenen und einem silbernen. Der silberne Kreis umfließt die Gestalt des Menschen.

LEHRER: Man nennt dieserart Bilder Mandala. Für Uneingeweihte mögen sie ähnlich rätsel-haft sein wie eine Landkarte für kleine Kinder. Man sieht Farben und Formen, kann sie aber nicht lesen. Du solltest das Mandala – nicht heute, nicht morgen, aber doch fernerhin – lesen lernen.

SCHÜLER: Was ist ein Mandala?

LEHRER: Eine Wegkarte der Wahrheit. Ein mystisches Bild, das Gott, Mensch und Welt in ihrer Zusammengehörigkeit schauen läßt.

SCHÜLER: Der Mensch in der Bildmitte – kann ich es sein?

LEHRER: Es ist Christus. Du bist es. Ich bin es auch. Zugleich ist es die ganze Welt, wie ein alter Lehrsatz sagt:

„Die Welt ist das All insgesamt.

Sie besteht aus Himmel und Erde.

In einem mystischen Sinn aber
wird die Welt passender als Mensch bezeichnet.‟
SCHÜLER: Was aber bedeutet dann der große
Kreis, der nach innen hin die Menschengestalt
umfließt?
LEHRER: Er bedeutet Gott. Gott umfängt,
trägt und durchdringt alles.
SCHÜLER: Aber Gott ist doch Einer! Wieso ist
da noch ein zweiter Kreis in der Mitte?
LEHRER: Dieser innere Kreis ist funkelnde
Lohe. Hier ist Gott unerreichbar: Geheimnis,
das keinen Namen mehr hat, weil alle Begriffe,
Bilder und Namen darin falsch werden.
Vielleicht ist es besser, ihn das göttliche Nichts
zu nennen.
SCHÜLER: Nichts?
LEHRER: Die verborgene Gestalt der Gottheit,
die gestaltlos ist. Das göttliche Licht, das nicht
erleuchtet, sondern blind macht.
Der grenzenlose Abgrund, in dem es kein
Etwas mehr gibt.
SCHÜLER: Das sind ja schreckliche Beschreibungen. Sie machen die Gottheit für mich
furchterregend.

LEHRER: Und doch hat sich das furchterregende Geheimnis als Liebe geoffenbart. Es trägt und erleuchtet den Menschen, wie das Bild es dir zeigt.

SCHÜLER: Das ist schwer einzuholen.

LEHRER: Du mußt nicht gleich am Ziel sein wollen. Die tiefste Wahrheit, von der wir herkommen, weil sie in jedes Menschen Kindheit leuchtet, ist zugleich die Wahrheit, zu der wir ein Leben lang unterwegs bleiben. Laß das Mandala deinen Weg begleiten. Es will dir sagen: Das bist du!

Wenn du das eines Tages mit deinem inneren Auge ein-siehst, ist die Wahrheit in dir zu sich selbst heimgekehrt.

*Ich sah meinen Gott mit dem Auge des Herzens.*
*Ich fragte: ,,Wer bist du?"*
*Er antwortete: ,,Du selbst!"*

Das Verlangen

Der Lehrer sagte: „Verlangst du nach Gott, so wird Gott zu dir kommen."

Der Schüler verstand den Lehrer nicht ganz. Eines Tages badeten beide im Fluß, und der Lehrer sagte: „Tauche unter." Der Schüler tat es. Sofort war der Lehrer über ihm und hielt ihn unter Wasser, bis der Schüler erschöpft war. Dann ließ er ihn frei.

„Was empfandest du da unten?"

„Das Verlangen nach einem Atemzug."

„Ersehnst du Gott ebenso stark?"

„Nein."

„Erst wenn du das tust, wirst du Gott finden."

# *Gebet*

Leben

SCHÜLER: Was ist nun Beten?

LEHRER: Beten ist, in der Gegenwart Gottes leben.

SCHÜLER: Aber wie? Ich kann doch unmöglich immer an Gott denken?

LEHRER: Mit einem gedachten Gott sind wir gewiß bald am Ende, denn mit den Gedanken vergeht auch der Gott. Was wir uns denkend vor-stellen, können wir ebenso wieder wegstellen. Erinnere dich: Du darfst Gott nicht von außen nehmen!

SCHÜLER: Also kann ich, ohne an Gott denken zu müssen, doch in seiner Gegenwart leben?

LEHRER: Wer meint, Gott *denken* zu müssen, um in ihm zu sein, lebt nicht aus Gott. Einen solchen Menschen behindert alles: jede Gesellschaft; der Lärm und die Stille; der Mangel, der Überfluß und selbst das Alleinsein, denn das Hindernis liegt in ihm, weil er die Angst vor der Brunnentiefe nicht überwunden hat und also Gott in ihm nicht alles geworden ist. Wäre Gott in ihm alles, lebte er immerzu in Gottes Gegenwart.

SCHÜLER: Die Menschen, die sich Gott außerhalb denken, geben sich oft überzeugter von ihm als die aus der Brunnentiefe.

LEHRER: Überzeugt oder überzogen?
Wer Gott draußen sucht, nimmt „etwas" für
Gott. Allein, wer Gott in sich hat, nimmt Gott
göttlich, und dem leuchtet er in allen Dingen.
SCHÜLER: Der Weg dorthin ist leider sehr
schwer.
LEHRER: Es gilt immer wieder das Gleiche: Du
mußt dich innerlich darauf richten. Das gelingt
dir nicht durch Flucht aus dem Alltag. Vielmehr
mußt du den Gleichmut der Seele erlernen, den
kein Trubel der Welt zerstört, weil er tiefer
gründet als alles sonst. Diese innere Sammlung
ist die Voraussetzung dafür, die Dinge aufzu-
brechen und *in* ihnen Gott zu erfahren.
SCHÜLER: Kann es sein, daß wir keine eigenen
Erfahrungen mit Gott machen, weil wir uns
selbst am liebsten aus dem Wege gehen?
LEHRER: Wenn wir in uns selbst unbehaust
sind, treiben uns Angst, Unruhe und Überdruß
um: Die an ihrem eigenen Elend kranke Seele
mag sich dann selbst nicht ertragen.
SCHÜLER: Meinst du, auf diese Weise litten wir
an unserer Gottesferne?
LEHRER: Ja.

SCHÜLER: Weil die Trennung vom eigenen Seelengrund uns vor uns selbst fremd macht?
LEHRER: So ist es. Ohne Gott mangelt uns die Übereinstimmung mit uns selbst. Wer aber Gott findet, findet auch sich und mag dann tun, was er will: Es wird ihm alles Gebet sein.

Rabbi Hillel verabschiedete sich von seinen Schülern und verließ das Lehrhaus. Aber die Schüler kamen ihm nach, um ihn zu fragen, wohin er gehen wolle.

„Ich gehe, um ein frommes Werk zu tun."

„Welches denn?"

„Ich gehe ins Bad."

„Ins Bad?" riefen sie erstaunt. „Was ist denn daran fromm?"

SCHÜLER: Alles, was du mir übers Beten sagst, führt mich zu tieferer Selbsterkenntnis. Um so mehr wundert mich, daß viele Menschen nur spöttisch vom Beten sprechen.

LEHRER: Vielleicht, weil sie das Aufsagen gelernter Formeln schon für Beten halten. Wahrscheinlich aber richtet sich der Spott auf fromme Werke, denen das Leben widerspricht. Ein solcher Spott wäre verständlich.

SCHÜLER: Ist es nicht oft so, daß Menschen Gebet und Leben trennen?

LEHRER: Wenn es so ist, sollte man es nicht Beten nennen. Beten heißt: verantwortlich leben. Nie kann Gebet ein Versteck vor der Verantwortung sein. Hör zu!

Der Rabbi und das verlassene Kind

Einmal, am Vorabend des Versöhnungstages, versammelte sich die ganze Gemeinde des Rabbi Mojsche-Lejb ins Bethaus. Doch der Rabbi selbst kam nicht. Er hatte aber ein für allemal befohlen, daß man auf ihn niemals mit dem Beten warten solle. Darum stimmte man das Kol-Nidrej-Gebet ohne ihn an. Später erschien der Rabbi doch. Die Leute forschten nach, warum er so spät gekommen war und das so wichtige Gebet versäumt hatte, und erfuhren folgendes: Als der Rabbi zum Beten ging, hörte er unterwegs in einem Hause ein Kind weinen. Er ging hinein und sah, daß die Mutter zum Beten weggegangen war und das Kind allein gelassen hatte. Der Rabbi hatte Mitleid mit dem Kinde und spielte mit ihm so lange, bis es müde wurde und einschlief. Erst dann ging er ins Bethaus, das Kol-Nidrej zu beten.

SCHÜLER: Du hast gesagt, Beten sei verantwortetes Leben. Wenn es so ist, sind dann gesprochene Gebete unnötig?

LEHRER: Ohne Sprache gibt es kein Menschsein. Was uns bewegt und gelten soll, drängt auch ins Wort.

SCHÜLER: Aber manchmal sind wir doch ganz trocken und wissen von allem, was uns angeht, nichts zu sagen.

Und gibt es nicht auch Menschen, die sich schämen, Gebete zu sprechen, weil sie meinen, es höre sie doch niemand?

LEHRER: Was tust du, wenn du allein bist?

SCHÜLER: Was schon? Arbeiten, lesen, nachdenken, singen . . .

LEHRER: Und für wen singst du dann?

SCHÜLER: Wieso? Für mich! Aus Lust am Singen.

LEHRER: Du singst also um deiner selbst willen?

SCHÜLER: Ja. Eben aus Freude am Singen.

LEHRER: Hört dich Gott?

SCHÜLER: Wenn ich richtig verstanden habe, was du von Gott sagst, ist „hören" schon der falsche Ausdruck. Eher müßte ich sagen: Gott singt mit.

LEHRER: Das finde ich gut. Hast du an Meister Eckeharts Wort gedacht: „Im Seelengrund ist Gottes Grund mein Grund und mein Grund Gottes Grund. Hier lebe ich aus meinem Eigenen, wie Gott aus seinem Eigenen lebt"?

SCHÜLER: Es hat mich überzeugt, Gott nicht von draußen her zu suchen, sondern in mir selbst. Wenn er meine tiefste Mitte ist – so wie auch deine Mitte und unser aller Mitte – ist das, was wir zuinnerst sagen, immer auch zu Gott gesagt.

LEHRER: So ist es.

SCHÜLER: Was wir zuinnerst „sagen", muß aber doch nicht immer in Worten faßbar sein. Für viele innere Vorgänge habe ich keine Worte, und manche Erfahrung verschließt uns auch den Mund.

LEHRER: Gewiß.

SCHÜLER: Und gerade, weil Gott nicht draußen, sondern in mir ist, „hört" er mich, bevor ich auch nur denken kann, was mich bewegt. Warum also Gebetsworte sagen, wenn Gott selbst es ist, der in meinem Atem atmet?

LEHRER: Wenn diese Erfahrung dich von innen her durchpulst, ist alles Beten darin aufgehoben. Der Worte bedarf es dann in der Tat keine mehr.

SCHÜLER: Also sind Gebetsworte nicht die Höhe des Gebets?

LEHRER: Wenn wir Menschen für das, was uns bewegt, einen gemeinsamen Ausdruck suchen, sind gesprochene oder gesungene Worte das uns Entsprechende. Aber wer redlich „im Angesicht Gottes" lebt, betet in allem, was er tut. Hör zu!

Der betende Gaukler

Es war einmal ein Gaukler, der tanzend und springend von Ort zu Ort zog, bis er des unsteten Lebens müde war. Da gab er alle seine Habe hin und trat in das Kloster zu Clairveaux ein. Aber weil er sein Leben bis dahin mit Springen, Tanzen und Radschlagen zugebracht hatte, war ihm das Leben der Mönche fremd, und er wußte weder ein Gebet zu sprechen noch einen Psalter zu singen.

So ging er stumm umher, und wenn er sah, wie jedermann des Gebetes kundig schien, aus frommen Büchern las und mit im Chor die Messe sang, stand er beschämt dabei: Ach, er allein, er konnte nichts. „Was tu ich hier?" sprach er zu sich, „ich weiß nicht zu beten und kann mein Wort nicht machen. Ich bin hier unnütz und der Kutte nicht wert, in die man mich kleidete."

In seinem Gram flüchtete er eines Tages, als die Glocke zum Chorgebet rief, in eine abgelegene Kapelle. „Wenn ich schon nicht mitbeten kann im Konvent der Mönche", sagte er vor

sich hin, „so will ich doch tun, was *ich* kann."
Rasch streifte er das Mönchsgewand ab und
stand da in seinem bunten Röckchen, in dem er
als Gaukler umhergezogen war. Und während
vom hohen Chor die Psalmgesänge herüber-
wehen, beginnt er mit Leib und Seele zu tanzen,
vor- und rückwärts, links herum und rechts
herum. Mal geht er auf seinen Händen durch
die Kapelle, mal überschlägt er sich in der Luft
und springt die kühnsten Tänze, um Gott zu
loben. Wie lange auch das Chorgebet der
Mönche dauert, er tanzt ununterbrochen, bis
ihm der Atem verschlägt und die Glieder ihren
Dienst versagen.

Ein Mönch war ihm aber gefolgt und hatte
durch ein Fenster seine Tanzsprünge mitange-
sehen und heimlich den Abt geholt. Am anderen
Tag ließ dieser den Bruder zu sich rufen. Der
Arme erschrak zutiefst und glaubte, er solle
des verpaßten Gebetes wegen gestraft werden.

Also fiel er vor dem Abt nieder und sprach: „Ich weiß, Herr, daß hier meines Bleibens nicht ist. So will ich aus freien Stücken ausziehen und in Geduld die Unrast der Straße wieder ertragen." Doch der Abt neigte sich vor ihm, küßte ihn und bat ihn, für ihn und alle Mönche bei Gott einzustehen: „In deinem Tanze hast du Gott mit Leib und Seele geehrt. Uns aber möge er alle wohlfeilen Worte verzeihen, die über die Lippen kommen, ohne daß unser Herz sie sendet."

## Schön reden

Ein gelehrter Mann, der einst Sabbatgast an
Rabbi Baruchs Tisch war, sagte zu ihm: „Laßt
uns nun Worte der Lehre hören, Rabbi, Ihr redet
so schön!" „Ehe daß ich schön rede", antwortete der Enkel des Baalschem, „möge ich
stumm werden!"

Als mein Gebet immer andächtiger und innerlicher wurde, da hatte ich immer weniger und
weniger zu sagen.

Zuletzt wurde ich ganz still.
Ich wurde, was womöglich ein größerer
Gegensatz zum Reden ist,
ich wurde ein Hörer.
Ich meinte erst, Beten sei Reden.
Ich lernte aber,
daß Beten nicht nur Schweigen ist,
sondern Hören.

So ist es: Beten heißt nicht,
sich selbst reden hören,
beten heißt, still werden und still sein
und warten, bis der Betende Gott hört.

# *Gebet*

Lob

SCHÜLER: Beten ist Leben, sagst du, wenn das Leben aus der Mitte kommt und nicht an der Oberfläche haftet.

LEHRER: Bist du nicht einverstanden?

SCHÜLER: Deine Antwort genügt mir nicht. Was zum Beispiel ist mit allen Gebetsformeln? Als Kinder haben wir Morgen- und Abendgebete gelernt. Daß ich sie längst fallen gelassen habe, war für mich nie ein Fortschritt. Nun werden sie auch durch dich übergangen.

LEHRER: Du hast recht, danach zu fragen.

SCHÜLER: Ich will es noch genauer tun: Meine Freundin liebe ich, das weiß sie sehr gut. Ich liebe sie natürlich immer, auch wenn wir verschiedene Wege gehen. Aber manchmal muß sie es unmittelbar erfahren. Dann nehme ich sie in die Arme und sage ihr: „Ich liebe dich!"

Ist es mit dem Gebet nicht ähnlich? So wie ich bei allem, was ich tue, getragen bin von unserem Glück, trägt unser göttlicher Seelengrund das ganze Leben. Aber daneben muß es doch noch eigene Gebetsworte und besondere Gebetszeiten geben! Morgen- und Abendgebet sollen aussprechen, was den Tag und die Nacht bewegen. Oder?

LEHRER: Es ist gut, was du sagst.
SCHÜLER: Ich habe aus meiner inneren
Ahnung herausgesprochen. In Wirklichkeit
kann ich das alles nicht einlösen. Ein Morgen-
gebet gibt es bei mir schon seit dem Ende der
Kindheit nicht mehr.
LEHRER: Obwohl du so gut weißt, daß wir
regelmäßige Zeiten brauchen, die uns wie
Brunnen mit dem Lebensgrund verbinden?
SCHÜLER: Natürlich weiß ich's. Aber was nutzt
das Wissen allein? Ich schaffe es einfach nicht,
morgens und abends zu beten.
LEHRER: Warum?
SCHÜLER: Zunächst einmal halte ich den
Tagesanfang als Gebetszeit für ungeeignet.
Vielleicht ist das im Lebensrhythmus der
Mönche anders, aber bei uns werden die
Abende voll ausgeschöpft, und morgens geht
es allemale müde und hastig zum Haus hinaus.
Ich weiß nicht, wie ich am Beginn eines Arbeits-
tages auch nur *eine* Besinnungsminute finden
könnte.
Mein zweiter Vorbehalt liegt bei den Gebets-
texten selbst. Es fällt mir schwer, diese Worte
zu übernehmen.

LEHRER: Ich kann deine Schwierigkeiten gut verstehen. Trotzdem bleibt gültig, daß ein Tag aus ruhiger Besinnung besser gelingt als ein Tag aus besinnungsloser Hast.

SCHÜLER: Gewiß. Aber woher soll die Zeit zur Besinnung denn kommen, wenn es nicht einmal zu einem ruhigen Frühstück reicht?

LEHRER: Es mag in der Tat nicht jedermanns Sache sein, eine halbe Stunde früher aufzustehen, um mit Muße den Tag zu beginnen. Dazu gehört gewiß viel Lebensordnung. Aber wer so lebt, lebt angemessener.

SCHÜLER: Ist das nicht eher eine Möglichkeit für ältere Menschen? Bei mir jedenfalls erwachen die Lebensgeister morgens nur sehr langsam. Selbst wenn ich eine regelmäßige Besinnungszeit zum Tagesbeginn fände, ich würde sie nicht nutzen können, sondern nur verdösen.

LEHRER: Gewiß kannst du dir aber zum Tagesbeginn einen Augenblick reservieren, der – komme was da will – keinem Wechsel unterliegt, zum Beispiel beim Aufstehen, noch auf der Bettkante sitzend; oder unmittelbar vor dem Frühstück; oder vor dem Verlassen des Hauses. Für diese kurze Zeit empfehle ich dir einen

144

Gebetstext, den du mit Blick auf den jeweiligen Tag sprichst. Launen und Unregelmäßigkeiten können dich morgens besonders leicht umtreiben. Aber ein geformtes Gebet ist für diese noch schlaftrunkene Zeit wie ein Richtmaß, das inneren Halt und neue Ausrichtung auf das Wesentliche gibt.

SCHÜLER: Sofern der Text stimmt! Kennst du Worte, die unsere bisherigen Gespräche aufnehmen, statt ihnen zu widersprechen?

LEHRER: Sieh dir das folgende Gebet an. Sein Weg führt nirgendwo in die Enge, sondern allemale in die Mitte.

*Gott, dieser Tag,*
*und was er bringen mag,*
*sei mir aus deiner Hand gegeben:*
*Du bist der Weg, die Wahrheit und das Leben.*

*Du bist der Weg:*
*ich will ihn gehen.*
*Du bist die Wahrheit:*
*ich will sie sehen.*
*Du bist das Leben:*
*mag mich umwehen*
*Leid und Kühle*
*Glück und Glut,*
*alles ist gut,*
*so wie es kommt.*
*Gib, daß es frommt!*

*In deinem Namen*
*beginne ich. Amen.*

146

Ein anderes Gebet

Einmal sprach der Maggid von Kosnitz: „Ich
stehe vor dir, Gott, wie ein Botenknabe und
warte, wohin du mich schickst."


An jedem Tag

Der Maggid von Kosnitz sprach: „An jedem
Tag soll der Mensch aus Ägypten gehn."


Das Gebet des Gehetzten

Der Baalschem sprach: „Seht euch einen
Mann an, der tagsüber von seinen Geschäften
durch Markt und Gassen gehetzt wird – fast
vergißt er, daß es einen Schöpfer der Welt gibt.
Nur wenn's Zeit ist, Mincha zu beten, geht's
ihm auf: Ich muß beten! – und da seufzt er vom
Grund seines Herzens, daß er den Tag mit
Eitlem verbracht hat, und läuft in eine Seiten-
gasse und stellt sich hin und betet: teuer, sehr
teuer ist er vor Gott geachtet, und sein Gebet
durchbohrt die Firmamente."

*Sonnengesang des Echnaton*

*Dein Aufleuchten ist schön am Rande des*
*Himmels,*
*Sonne, die du warst, ehe anderes war.*
*Wenn du aufstrahlst, füllst du die Länder mit*
*Glanz.*
*Deine Strahlen umfangen, was du gemacht hast.*

*Unendlich fern, bist du nah.*
*Deine Spur ist der Tag.*
*Gehst du unter, so ist die Erde, als wäre sie tot.*

*Du bannest die Nacht.*
*Auf deinen Wink gehen die Menschen freudig*
*ans Werk.*
*Das Vieh weidet zufrieden, die Bäume erblühen,*
*Vögel erheben sich über die Sümpfe*
*und beten mit eifrigen Flügeln.*

*Schiffe befahren den Strom,*
*Straßen schimmern unter dir auf,*
*Fische durchbrechen den Spiegel des Meeres,*
*den du bestrahlst.*

Du schufst Menschen und Vieh,
alles, was auf Erden umhergeht,
die Länder Syrien und Nubien, das Land Ägypten.
Du gabst den Menschen verschiedene Zungen.
Du schufst den Nil, der aus der Unterwelt quillt,
du hast einen Nil an den Himmel gesetzt,
daß er die Felder benetze.
Herrlich sind deine Pläne, du Herr in Ewigkeit!
Der Nil von oben ist für die Fremdländer,
der untere Nil für Ägypten.

Deine Strahlen wecken alle Gärten zum Leben.
Du machst die Jahreszeiten, Winterkühle und
Sommerhitze,
Millionen von Gestalten hast du aus dir gemacht.
Aus Städten und Dörfern, von Straßen und
Strömen
heben sich Blicke zu dir,
der du strahlend über der Erde dahingehst.

Du bist in meinem Herzen,
keiner ist, der dich wahrhaft erkennt,
außer deinem Sohn Echnaton.
Ihn hast du schauen lassen,
daß die Welt in deiner Hand ist.
Du bist das Leben, jeder lebt durch dich.

*Sonnengesang des Franz von Assisi*

*Höchster, mächtiger, gütiger Herr,*
*dein ist der Preis, die Herrlichkeit, die Ehre und*
*jeglicher Segen:*
*Dir allein gebühren sie,*
*und der Menschen keiner ist würdig, dich zu*
*nennen.*

*Sei gepriesen, mein Herr, mit allen deinen*
*Geschöpfen,*
*vornehmlich mit unserer Schwester, der Sonne:*
*Sie wirket den Tag und schenkt uns durch ihn*
*das Licht.*
*Schön ist sie und strahlend in großem Glanze*
*und deines Wesens, Allerhöchster, ein Gleichnis.*

*Sei gepriesen, mein Herr, durch unsern Bruder,*
*den Mond, und die Sterne:*
*Du hast sie am Himmel gebildet, leuchtend,*
*kostbar und schön.*

*Sei gepriesen mein Herr, durch unsern Bruder,*
*den Wind,*
*durch die Luft und die Wolken, durch die heitern*
*und düsteren Tage,*
*durch welche du deinen Geschöpfen Dauer*
*verleihst.*

Sei gepriesen, mein Herr, durch unsere
Schwester, das Wasser:
Nützlich ist es sehr, voll Demut, köstlich und
keusch.

Sei gepriesen, mein Herr, durch unsern Bruder,
das Feuer,
durch welchen du die Nächte erleuchtest.
Schön ist es, heiter, sehr stark und gewaltig.

Sei gepriesen, mein Herr, durch unsere
Schwester, die Mutter Erde,
welche uns nährt und erhält
und viele Früchte gebiert und bunte Blumen und
Kräuter.

Sei gepriesen, mein Herr, durch die, welche
verzeihen aus Liebe zu dir,
die ausharren in Mühsal und Leid.
Selig die, welche dulden in Frieden,
denn du, Allerhöchster, wirst sie krönen.

*Sei gepriesen, mein Herr, durch unsern Bruder,*
*den leiblichen Tod:*
*Keiner der Lebenden kann ihm entrinnen.*
*Weh denen, die sterben in tödlicher Sünde,*
*und selig die, welche ruhen in deinem*
*heiligsten Willen,*
*denn der zeitliche Tod kann ihnen nicht schaden.*

*Preiset und lobet meinen Herrn und saget ihm*
*Dank:*
*Und dienet ihm in großer Demut.*

LEHRER: Wie hältst du es mit dem Abendgebet?
SCHÜLER: Ich habe länger daran festgehalten
als am Morgengebet. Aber zur Zeit lese ich nur
noch vor dem Einschlafen.
LEHRER: Wählst du diesen Lesestoff bewußt
aus?
SCHÜLER: Als wir Kinder waren, taten das
unsere Eltern. Vater und Mutter erzählten uns
gerne Gute-Nacht-Geschichten. Öfter aber
sangen sie ein Abendlied und sprachen mit
jedem Kind über den Tag.
LEHRER: Bleibt nun, da deine Eltern dich nicht
mehr zu Bett bringen, vor dem Einschlafen ein
Loch?
SCHÜLER: Erst seitdem mir die Kindergebete
ganz unmöglich geworden sind.
LEHRER: Das ist nicht gut. Den Schweiß des
Tages waschen wir ab, bevor wir schlafen
gehen. Aber die Seele hat ebenfalls ihre Ansprüche. Sie braucht eine Hilfe für die nächtlichen
Wege in den dunklen Teil unserer selbst.
SCHÜLER: Du meinst, wir müßten der Seele
beim Träumen helfen?
LEHRER: Wir beenden ja nicht einfach unser
inneres Leben, wenn wir einschlafen, vielmehr
versinkt unser Geist in die tieferen Gewölbe der

Seele, in die wir mit Verstand und Willen nicht hineinreichen. Und immer geschieht dabei etwas, was uns auch für den folgenden Tag beeinflußt. Morgens wachen wir anders auf, als wir eingeschlafen sind: Die Stimmungen sind anders, unsere Gedanken, unser Urteil ist anders. Deswegen heißt es auch, über eine wichtige Sache müsse man erst noch einmal schlafen. Freilich kommen wir durch den Schlaf nicht wie von selbst zu einem besseren Standpunkt. Oft verschüttet der Schlaf auch Einstellungen und Vorsätze, die ein guter Tag entstehen ließ. Willentlich können wir jedenfalls die eigene Unterwelt nicht beeinflussen. Sie hat ihre guten Geister, kennt aber auch Dämonen und nicht selten ein Schattenreich voll ungebändigter Wünsche, Begierden und Ängste. Damit uns diese Kräfte nicht verwirren und sogar unser Tagesbewußtsein beeinflussen, brauchen wir an den Gelenkstellen zwischen Tag und Nacht eine besondere Reinigung der Seele, – das Abendgebet.

SCHÜLER: Meinst du ein wirkliches Gebet oder nur noch eine Art Schlafmittel?

LEHRER: Ich meine ein wahres Gebet:
Rückbindung des Menschen an den tiefsten
Grund, in dem Welt und Leben wurzeln.
SCHÜLER: Aber warum nennst du das Abend-
gebet dann eine Reinigung der Seele?
LEHRER: Weil letztlich nur Gebet die Seele des
Menschen heil und unverletzlich macht.
SCHÜLER: Wieso?
LEHRER: Wenn ein Mensch sich ganz und
wahrhaftig auf den tiefsten Grund seiner selbst
einläßt, wird er von hier, also von Gott her, heil.
Ich meine nicht eine psychologische Technik,
sondern unsere Rückbindung in die reine
Liebe; nur das tut uns wirklich wohl.
SCHÜLER: Die Worte hör ich . . ., aber wie
geht dies alles mit dem Abendgebet wirklich
zusammen?
LEHRER: Dadurch, daß du nicht „irgendetwas"
betest, sondern ein wirkliches Abendgebet,
das dich auf den Schlaf vorbereitet. Mächtig
im Schlaf sind Bilderwelten, nicht Gedanken.
In starken Symbolen mußt du darum
deinen Geist sammeln, damit er beim Übergang
in den Schlaf zu den guten Bildern findet.
SCHÜLER: Du meinst, das Abendgebet solle
unsere Träume mitbestimmen?

155

LEHRER: Nicht unmittelbar. Über die greifbaren Träume hinaus speichert unsere Seele ja eine Unzahl von Bildelementen, die auch unser Tagesbewußtsein beeinflussen. Wenn wir nun gute Bilder mit in den Schlaf bringen, helfen diese, die wirren und zufälligen Tageseindrücke im Unterbewußtsein zu ordnen. In diesem Sinne sind wir sogar für unsere Träume verantwortlich. Darum soll das Abendgebet eine Haltung schaffen, in der wir innerlich befreit einschlafen.

SCHÜLER: Was unterscheidet das Abendgebet von einem anderen Gebet?

LEHRER: Bildhaftigkeit, die man meditieren kann.

SCHÜLER: Was nennst du bildhaft?

LEHRER: Alles, was in Bildern spricht und darin die Seele erreicht. Es können Worte, Geschichten, Gedichte sein, natürlich auch Symbole und gemalte Bilder, und nicht zuletzt Lieder und Musik.

SCHÜLER: Und wie wird daraus ein Abendgebet?

LEHRER: Dadurch, daß du dich ruhig und still auf ein Bild einläßt:

Meditiere das Brunnensymbol: Du darfst dich fallen lassen, weil du dabei nicht von dir weg, sondern in deine Mitte gelangst.

Meditiere das Labyrinth: Es sind Wege ins nächtliche Dunkel, aber auch Prozesse der Erneuerung und Wiedergeburt.

Meditiere den Lebensbaum: Du trägst ihn als Stab in der Hand deiner Tagwerke; eines Nachts soll er Blätter treiben und Früchte tragen.

Meditiere das Mandala: Alles, das Universum und du selbst, haben die gleiche Mitte. Gott in Welt. Gott – du unser Ich.

SCHÜLER: Du hast mir die Symbole meines eigenen Weges genannt.

LEHRER: Es sind zugleich die Symbole eines jeden Tages. Du kannst sie immer wieder neu aufnehmen, um dich abends in sie hinein zu sammeln.

Gott, nun kehr ich heim zu mir,
Gott, nun kehr ich heim zu dir.
Des Tages Stunden,
des Tages Wunden,
all seine Weiten
und Armseligkeiten
leg ich in deine Hände hinein:
Ganz wie ich bin, bin ich dein.

Und willst du mich fragen,
was ich ward,
so muß ich klagen:
Mein Herz ist noch hart,
zu wenig gegründet und gereift
in deine Güte und Liebe hinein;
doch wie ich bin, so bin ich dein.

Gott, hilf mir weiter, die Zeit vergeht.
Hilf mir lieben, früh und spät.
Hilf mir leben, ein Tag ist vorbei.
Gib Gnade, daß ich morgen
besser als heute sei. Amen.

Der Schlaf

Der Herr schuf den Menschen, daß er seinen
Garten baue und bewahre; Er wollte ihm eine
Gehilfin geben, damit er sich vermehre und die
Erde erfülle.
Als aber die Erde Gottes Rede vernahm, erzit-
terte sie und sprach vor ihrem Schöpfer: O Herr
aller Welten! nicht wird meine Kraft dazu
reichen, die Menschenherde zu speisen. Da
sprach der Herr: Ich und du, wir wollen beide
die Menschenherde ernähren.
Und sie teilten ihre Arbeit untereinander, der
Herr nahm auf sich die Nacht und gab der Erde
den Tag. Was tat der Herr? Er schuf den Schlaf;
der Mensch liegt da und schläft die Nacht über,
und der Schlaf ist ihm Speise und Heil, Leben
und Erquickung. Die Seele, so heißt es, füllt den
Leib des Menschen aus, aber in der Stunde, da
der Mensch schläft, steigt sie zum Himmel
empor und schöpft ihr Leben von oben.
Der Erde aber steht der Herr bei und tränkt sie
mit Regen; sie trägt Frucht und gibt Speise
allen Geschöpfen.

SCHÜLER: Noch nie haben wir bisher vom gemeinsamen Gebet gesprochen. Es ist mir auch sehr fremd. In unserer Familie könnte ich es mir nicht einmal vorstellen.

LEHRER: Ist dir denn das Gebet zu den Mahlzeiten vertraut?

SCHÜLER: Ich kenne Familien, die zu Tisch beten, aber ihre Routine hat mich immer abgestoßen. Lieber kein Tischgebet als heruntergeklapperte Verse.

LEHRER: Trotzdem sind Formen wichtig. Ein abgeschaffter Brauch ist meistens für immer verloren, während ein verschlissener Brauch sich durchaus reformieren läßt, – wenn man will.

SCHÜLER: Meine Kritik geht weiter; sie zweifelt am Sinn des Tischgebets: Wir danken für volle Bäuche, während eine Milliarde Menschen nie satt wird und Millionen jährlich verhungern.

LEHRER: Je weniger selbstverständlich es ist, daß unser Tisch gedeckt ist, um so wichtiger ist das Tischgebet.

SCHÜLER: Ist der Dank für reichgedeckte Tische nicht verlogen, wenn die Produkte der hungernden Völker darauf stehen?

LEHRER: Danken kann nur, wer sieht und nachdenkt. Ohne Umweltverstand und Verantwortungsbereitschaft ist heute gewiß kein Tischgebet möglich.

SCHÜLER: Wie meinst du das?

LEHRER: Achte einmal darauf, wie achtlos Schulbrote verkommen, die Teller nur halbleer gegessen werden, Speisen verderben und zum Abfall wandern, weil man sich daraus kein Gewissen macht. Hier beginnt die Frömmigkeit!

SCHÜLER: Du hältst also das Wegwerfen vertrockneten Brotes oder eines nur halb gegessenen Apfels für unfromm?

LEHRER: Es geschieht entweder aus Gedankenlosigkeit, oder es fehlt an der Zucht, das weniger Schmackhafte ebenfalls zu verwenden. Beides halte ich für sündhaft.

SCHÜLER: Das ist ein starkes Wort.

LEHRER: Aber nicht überzogen. Selbst wenn es auf dieser Welt keinen Hunger gäbe, wäre die Ehrfurcht vor aller Nahrung elementar für unser Menschsein.

SCHÜLER: Und was ist mit den Häusern, in denen nach dem Dankgebet die Essensreste vom Teller weg in den Mülleimer kommen?

LEHRER: Das ist wie Feuer und Wasser.

SCHÜLER: Dann ist auch das Tischgebet Ausdruck einer Lebenshaltung.

LEHRER: Wie jedes Gebet.

SCHÜLER: Es beginnt also nicht mit der Mahlzeit, und es endet nicht damit.

LEHRER: Für den Bauern beginnt das Tischgebet zum Beispiel beim Düngen oder im Umgang mit den Tieren. Chemiker, die zu Tisch beten, verpflichten sich bewußt der Gesundheit ihrer Mitmenschen, *vor* dem Profit ihrer Konzerne. Und wenn Hausfrauen einkaufen, kochen und backen, ist diese Arbeit das Rückgrat ihres Gebets.

Das Gebet der Frau

Von Perle, der Frau des Berditschewers, ist ein
Gebet überliefert. Wenn sie die Sabbatbrote
knetete und buk, pflegte sie zu beten: „Herr der
Welt, ich bitte dich, hilf mir, daß mein Levi
Jizchak, wenn er am Sabbat über diese Brote
den Segen spricht, dasselbe im Sinn habe wie
ich in dieser Stunde, da ich sie knete und
backe!"

SCHÜLER: Was du sagst, zielt auf grundsätzliche Einstellungen, die jedem Tischgebet voraufliegen. Gibt es nicht auch eine Frömmigkeit bei Tisch?

LEHRER: Das Erste wäre: Sehen, was aufgetragen wird!

SCHÜLER: Ist das nicht selbstverständlich?

LEHRER: Keineswegs. Viele Menschen sehen leider nicht, mit welcher Mühe und Liebe eine Mahlzeit bereitet und angeboten wird; sie beachten auch nicht den aufmerksam gedeckten Tisch. Wie wollen sie da Gott danken für gute Dinge, für die sie bei ihren Mitmenschen blind sind?

Der gedeckte Tisch

Der heilige Franz und sein Bruder Masseo
trafen sich vor der Stadt zum Essen zusammen,
wo eine schöne Quelle sprang, und daneben
war ein breiter schöner Stein, der ihnen sehr
gefiel. Auf den legten sie ihr Brot, das sie
geschenkt bekommen hatten.
„O Bruder Masseo", sagte der heilige Franz,
„wir sind eines so großen Schatzes gar nicht
wert", und diese Worte wiederholte er mehrere
Male. Da erwiderte Bruder Masseo: „Wie kann
man da von einem Schatz reden, wo so viel
Armut ist und es an den nötigsten Dingen fehlt?
Hier ist kein Tischtuch, kein Messer, kein
Fleischbrett, keine Schüssel, keine Hütte, kein
Tisch, kein Diener, keine Magd."
Da sprach Franz: „Das gerade ist es, was ich
für einen großen Schatz halte: Was hier ist, ist
durch Gottes Güte bereitet, wie zu sehen ist am
Brot, das uns geschenkt wurde, am Steintisch,
der so herrlich ist, an der Quelle, die so klar
sprudelt. Und darum will ich, daß wir dies alles
lieb gewinnen von ganzem Herzen."

SCHÜLER: Sehen, was da steht, sagst du, sei der erste Akt der Frömmigkeit bei Tisch. Was kommt danach?

LEHRER: Was denn wohl? Daß wir es uns schmecken lassen!

SCHÜLER: Ist das etwas Besonderes?

LEHRER: Muß es etwas Besonderes sein? Die meisten Menschen erreichen nie das Selbstverständliche. Sie löffeln das Essen in sich hinein, ohne es zu genießen. Es gehört aber zur Frömmigkeit, die guten Dinge zu genießen, die das Leben schenkt.

SCHÜLER: Ich finde es schön, daß du die Freude am Essen so wertest.

LEHRER: Natürlich gibt es keine wahre Freude ohne das Maß der Dinge.

Aber noch ein drittes Moment muß ich erwähnen: Zu Tisch beten heißt, allen danken, die das Mahl bereitet haben. Wie wollte man Gott danken können, ohne Dankbarkeit gegen unsere Nächsten?

SCHÜLER: Täglicher Dank wird schnell abgenutzt.

LEHRER: Sofern du dein Herz nicht mitsprechen läßt. Natürlich können wir nicht immer aller gedenken, denen wir Leben, Speise und Trank verdanken. Darum sagen wir alles in allem Gott!

Zuweilen aber darf man ruhig einen Namen nennen, damit niemand vergißt, daß der Segen nicht ohne Arbeit und Mühe auf dem Tisch steht.

SCHÜLER: In welcher Form soll man das tun?

LEHRER: So wie es jeder kann. Das Wichtigste ist deine eigene Art, dich zu geben. Vielleicht magst du kurz innehalten, ehe du zu essen beginnst; oder man wartet still, bis jeder so weit ist, und lädt dann alle ein, es sich schmecken zu lassen; du kannst dich auch mit dem Wunsch „Gesegnete Mahlzeit!" begnügen; aber die schönste Form ist doch ein bewußt gesprochenes gemeinsames Tischgebet.

Sooft wir an unserem Tisch Gäste haben, dürfen wir ihnen unbekümmert zumuten, daß sie sich an unserem Tisch unsere Art gefallen lassen. An ihrem Tisch richten wir uns natürlich nach ihnen.

Beten und essen

Man fragte Rabbi Mendel: „Es steht geschrieben: ‚Werdet ihr dem Herrn eurem Gott dienen,
so wird er dein Brot segnen.'
Warum heißt es zuerst ‚ihr' und dann ‚du'?"

Er erklärte: „Dienen, das bedeutet beten.
Wenn der Mensch betet, und sei's auch allein in
seiner Kammer, soll er sich erst mit ganz Israel
verbinden, und so ist es in jedem wahren Gebet
die Gemeinschaft, die betet. Wenn aber der
Mensch ißt, und sei's auch in einer großen
Tafelrunde, das Essen selber tut jeder für sich."

Bei Bettlern betteln

Ich ging als Bettler von Tür zu Tür die Dorfstraße entlang. Da erschien in der Ferne dein goldener Wagen wie ein schimmernder Traum, und ich fragte mich, wer dieser König der Könige sei. Hoffnung stieg in mir auf: die schlimmen Tage schienen vorüber; ich erwartete Almosen, die geboten wurden, ohne daß man um sie bat, und Reichtümer, die in den Sand gestreut wurden. Der Wagen hielt an, wo ich stand. Dein Blick fiel auf mich, und mit einem Lächeln stiegest du aus. Endlich fühlte ich mein Lebensglück kommen. Dann strecktest du plötzlich die rechte Hand aus und sagtest: ‚Was hast du mir zu schenken?‘ Welch königlicher Scherz war das, bei einem Bettler zu betteln! Ich war verlegen, stand unentschlossen da, nahm schließlich aus meinem Beutel ein winziges Reiskorn und gab es dir. Doch wie groß war mein Erstaunen, als ich am Abend meinen Beutel umdrehte und zwischen dem wertlosen Plunder das kleine Korn wiederfand – zu Gold verwandelt. Da habe ich bitterlich geweint, und es tat mir leid, daß ich nicht den Mut gefunden hatte, dir mein Alles zu geben.

# *Gebet*

Bitte

SCHÜLER: Wir sprachen bisher nur von Lob- und Dankgebeten. Beides empfinde ich eher als Ausnahmen, während Bitten uns ständig auf der Zunge liegen. Was meinst du?

LEHRER: Es ist schwerer zu bitten als zu danken.

SCHÜLER: Das wundert mich. Sagt man nicht „Not lehrt beten"?

LEHRER: Sorgen und Wünsche äußern ist noch kein Bitt*gebet*.

SCHÜLER: Aber so haben wir es doch gelernt: „Im Bittgebet tragen wir unsere Nöte vor Gott."

LEHRER: Was aber bedeutet, unsere Nöte vor Gott zu tragen? Wer Gott nicht außen sucht, wird auch seine Bedrängnisse nicht einfach loswerden wollen.

SCHÜLER: Sollen wir denn nicht mit unseren Nöten zu Gott gehen?

LEHRER: Doch. Aber die eigene Not vor Gott bringen heißt, sich besinnen, welcher Teil der Not bekämpft und welcher angenommen werden muß, damit wir in beidem reifen.

SCHÜLER: Warum die Not einmal bekämpfen und einmal annehmen?

LEHRER: Es gibt Notlagen, die sind unannehmbar; man muß alles, was man ist und hat, gegen sie einsetzen.

Andere Notlagen sind unabänderlich . . .
Zuletzt für jeden der Tod. Wollten wir das Unabänderliche verdrängen, würden wir uns selbst verfehlen.

SCHÜLER: Gott bitten müßte dann bedeuten, die eigene Verantwortung in dieser Sache zu suchen?

LEHRER: Jedes Bittgebet ist ein Suchen und ein Sich-Besinnen.

SCHÜLER: Aber warum soll dieses Suchen und Besinnen Beten sein?

LEHRER: Weil es im Bemühen um letzte Ehrlichkeit geschieht.

SCHÜLER: Dann ist das Bittgebet erschreckend anspruchsvoll.

LEHRER: So ist es. Wer eine Not vor Gott trägt, versucht, sich dem Anspruch dieser bedrängten Lebenslage zu stellen.

SCHÜLER: Auf diese Weise werde ich die Not aber gerade *nicht* los. Statt sie an Gott abzutreten, verlangst du, mich ihr zu stellen.

LEHRER: Gewiß. Doch indem ich das tue, indem *ich* mich stelle, stelle ich mich zugleich Gott anheim.

SCHÜLER: Das ist etwas völlig anderes, als seine Not an Gott loszuwerden. Es ist wohl eher gefährlich.

LEHRER: Wer Gott außen denkt, ist geneigt, mit seinem Bittgebet die Not abzuwälzen, die Verantwortung dafür zu übertragen oder zu verdrängen. Wer Gott aber innen sucht und mit Gott zu sich selbst findet, überträgt seine Not nicht auf einen Übermächtigen, sondern stellt sich der Not.

SCHÜLER: Was heißt hier: sich stellen?

LEHRER: Bedenken, was die Notlage fordert, und der Forderung nicht ausweichen.

SCHÜLER: Belastet ein solches Gebet nicht mehr, als daß es befreit?

LEHRER: Wer sich einer Not zu stellen vermag, ist schon befreit. Er ist ja auch nie allein angesichts dieser Not; in ihm und durch ihn selbst wirkt Gott mit.

## Der Schiffbrüchige

Ein reicher Athener machte mit anderen eine Seefahrt. Als ein heftiger Sturm aufkam und das Schiff kenterte, suchten sich alle anderen durch Schwimmen zu retten. Der Athener aber, der bei jeder Gelegenheit die Athene anrief, gelobte ihr wunder was, wenn sie ihn rette. Da sagte einer von den Schiffbrüchigen, der in der Nähe schwamm: „Beten kannst du zu Athene, aber du mußt auch schwimmen!"

SCHÜLER: Angenommen, mein Freund wäre sehr krank. Was heißt da, für ihn zu beten?

LEHRER: Du besinnst dich vor Gott, was du in dieser Lage deinem Freund sein kannst: welche Hilfe ihm not tut und wie weitgehend du dich ihm stellen mußt.

SCHÜLER: Das könnte hart sein.

LEHRER: Hier zeigt sich die Verbindlichkeit des Betens. Schöne Worte ohne Folgen sind kein Beten. Ich sage es noch einmal: Wer betet, stellt sich.

SCHÜLER: Ist das bei den Fürbitten im Gottesdienst auch so? Da wird für Hungernde, Gefangene, Obdachlose, Gastarbeiter, Arbeitslose . . ., für die nächste Wahl, für Eltern, Lehrer, Politiker, Priester, Bischöfe, den Papst, also für alles und jedweden gebetet, und wie mir scheint, leichthin, vom Blatt herunter und ohne den bewußten Ernst, sich diesen verschiedenen Anliegen auch selbst stellen zu müssen.

LEHRER: Es mag sein, daß es oftmals kein Beten, sondern unverbindliches Plappern oder gar ein Ausdruck eigener Interessen ist.

SCHÜLER: Es mag sein? Es ist so!

LEHRER: Die Fürbitte im Gottesdienst ist Gebet der gesamten Kirche. Hinter all den Bitten steht immer auch glaubwürdiger Einsatz in der Christenheit. Dennoch sind die Fürbitten einer Ortsgemeinde nur dann kein Plappern, wenn eine unterstützende Solidarität sie einlöst. Für Gastarbeiter kann keine Gemeinde beten, ohne daß sie deren Situation am Ort genau wahrnimmt und sich dann hilfreich zeigt.

*vor dem gebet*
*für gastarbeiter*
*zum betonmischer*
*guido merengo gehen*
*sein brot und*
*deinen aufschnitt*
*mit ihm teilen*
*und das gespräch*
*über die sendung*
*gestern abend*
*cordialemente*
*dall'italia*
*und ihm sagen*
*daß deine kinder*
*bertram gisela bernd*
*seine kinder*
*beatrice angelo massimo*
*zum spielen einladen*
*und daß deine familie*
*seine familie*
*zum leben einlädt*
*dann erst beten*
*für gastarbeiter*
*oder wie immer wir*
*guido merengo*
*und andere mitmenschen*
*nennen*

## Feindesliebe

Rabbi Michal befahl seinen Söhnen: „Betet für
eure Feinde, daß es ihnen wohlergehe. Und
meinet ihr, dies sei kein Dienst Gottes: mehr als
alles Gebet ist dies ein Dienst Gottes."

## Ein Gebet

Der Kosnitzer sprach zu Gott:
„Herr der Welt, ich bitte dich, du mögest Israel
erlösen. Und willst du nicht, so erlöse die
Gojim!"

## Gültiges Gebet

Rabbi Pinchas sprach: „Ein Gebet, das nicht
im Namen ganz Israels gesprochen wird,
ist kein Gebet."

SCHÜLER: Aber, wie bitte, betet man für
irgendwen?
LEHRER: Für wen zum Beispiel?
SCHÜLER: Sagen wir, für den Pfarrer.
LEHRER: Durch Anteilnahme.
SCHÜLER: Was heißt das?
LEHRER: Man gibt die Verhältnislosigkeit auf,
die verschiedenen Formen der Gleichgültigkeit, und nimmt teil an dem, was er tut und
erleidet. Es kann sein, daß er Zustimmung
braucht, es kann sein, daß er deutliche Kritik
braucht, oder beides zusammen.
SCHÜLER: Nun ist der Pfarrer ein Mensch
meiner Nähe. Wie aber kann man für fremde
Menschen beten, die man nie im Leben treffen
wird, beispielsweise für die Indianer Nordame-
rikas?
LEHRER: Hier gilt das Gleiche: Du betest für sie
durch Überwindung der Gleichgültigkeit und
durch Mitleiden: Also mußt du dich für sie
interessieren, dich möglichst intensiv über ihre
Lage informieren und zugleich das Wissen
über ihr Schicksal verbreiten. Ähnliches gilt für
alle sozialen und politischen Probleme in der
Welt. Aus dieser Teilnahme erwachsen erste
Möglichkeiten der Hilfe. Soweit wir diesen

Ansprüchen nicht genügen können, weil sie uns überfordern, ist es das mindeste, auf vorschnelle Urteile zu verzichten und Fragen zu stellen.

SCHÜLER: Das leuchtet mir ein. Aber es ist doch wohl nur der eine Aspekt des Gebetes. Ich vermisse die Hilfe Gottes. Mein Vater zum Beispiel war im letzten Krieg. Meine Mutter mußte ihn kurz nach der Hochzeit ziehen lassen und hat dann nichts mehr von ihm gehört. Wußte nicht, ob er gefangen war oder schon tot. Helfen konnte sie ihm nicht. Aber sie hat ohne Unterlaß für ihn gebetet. Was sagst du dazu?

LEHRER: Das Gebet deiner Mutter war gewiß auch hier ein Annehmen und Sich-Stellen der Not.

SCHÜLER: Aber Bittgebete, die Gott meinen, müssen doch mehr als eine Beschwörung des eigenen Herzens sein!

LEHRER: Sie müssen Gott wollen. Dann wird in diesem Gebet alles verbrannt, was nicht in Gott eingehen kann. Das Ich, das erhört werden will, geht ein in das göttliche Du. In diesem Einswerden geschieht die „Erhörung", auch wenn sie nicht die Erfüllung unserer ersten Wunschvorstellung ist.

SCHÜLER: Das ist schwer zu verstehen.

LEHRER: Mit dem Verstand allein kann man es nicht fassen. In jedem wahren Gebet betet das Herz, nicht nur der Kopf. Willst du es verstehen, dann bete, bitte, weine, schweige.

SCHÜLER: Also ist das Bittgebet kein Mittel, Gott auf die Seite der eigenen Wünsche zu bringen, sondern ein Weg zur Läuterung, damit immer mehr Gott in uns sein kann. Oder wäre es gleich besser, alle materiellen Bitten aufzugeben, die politischen und sozialen dazu, und nur noch um geistliche Dinge zu bitten?

LEHRER: Das ist eine schreckliche Teilung, die uns zerreißt. Nein, wir sollen um alles bitten, was zum Leben gehört. Jesus nennt es „das tägliche Brot". Nur sollen wir nicht bitten, als wäre dieses Leben endgültig und als wüßten wir nicht, daß wir durch Untergang und Tod das volle Leben in Gott finden, der in allen Bitten einziges Ziel bleibt.

SCHÜLER: Wir haben bisher noch nicht über Gebetserhörungen gesprochen. Gibt es so etwas?

LEHRER: Die Religionsgeschichte ist voll solcher Geschichten.

SCHÜLER: Alles, was ich bisher verstanden habe, macht mich ratlos gegenüber dem Wort Erhörung. Du meinst also, es geschehen Wunder als Antwort auf unsere Gebete?

LEHRER: Natürlich.

SCHÜLER: Aber stellen sie nicht infrage, was du bisher gesagt hast?

LEHRER: Was meinst du?

SCHÜLER: Zum Beispiel deine Forderung nach unserer Selbstzuständigkeit. Wenn Beten die eigene Verantwortung aufsuchen heißt, wo ist dann Platz für eine Gebetserhörung?

LEHRER: Weiterhin gilt, Gott nicht außen zu suchen.

SCHÜLER: Aber wenn doch Hilfe quer zur menschlichen Ohnmacht von außen kommen kann, wie du meinst?

LEHRER: Diese Hilfe kommt nie von außen, sondern aus der Mitte, in die der Beter strebt, und die er mit Gott und der Welt gemeinsam hat. Wenn wir füreinander beten und in diesem Gebet in den eigenen Seelengrund hinabsteigen, sind wir darin unseren Mitmenschen und ihrer Not näher, als es auf jede sonstige Weise möglich ist. Wären wir in geistlichen Dingen mündig, gelangten wir betend immer in die Tiefe des Brunnengrundes, und wir würden bewegen, was uns bewegt. Darum kann das Gebet des Heiligen von innen bewirken, was von außen unerreichbar ist. Hör zu!

Elisabeth von Thüringen hatte mit großer
Hingabe eine schwangere Frau gepflegt und sie
Wochen über die Entbindung hinaus beher-
bergt. Eines frühen Morgens aber ließ diese
Frau ihr Kind zurück und ging mit ihrem
Mann heimlich davon. Man ließ nach den
Eltern des verlassenen Kindes suchen, aber die
Boten kehrten erfolglos zurück. Da ging man
zu Elisabeth und flehte sie an, zu beten, daß
Gott ihr den Aufenthaltsort der Eltern offen-
bare. Elisabeth sagte: „Ich weiß Gott um nichts
anderes zu bitten, als daß sein Wille geschehe."
Bald darauf aber kam der Mann des armen
Weibes zurück, warf sich vor Elisabeth nieder
und bekannte offen, er habe mit seiner Frau
keinen Schritt mehr vorwärts tun können und
sei daher zur Umkehr gezwungen gewesen. Auf
die Frage, wo seine Frau sei, nannte er genau
den Ort. Boten wurden ausgeschickt und brach-
ten sie herbei. Auch sie gestand, sie hätte nicht
mehr vorwärts gehen können und bat um
Verzeihung für ihr Handeln.

SCHÜLER: Ich habe früher viele Geschichten dieser Art gelesen, in denen das Gebet der Heiligen Kranke gesund macht, Traurige fröhlich und verdorbene Menschen rechtschaffen. Ich mißtraue diesen Geschichten.

LEHRER: Gewiß schämt sich heute mancher Religionslehrer, solche Geschichten zu erzählen. Man hat sie wohl auch zu lange mißbraucht, ohne daß eigene Erfahrung sie belebte. Aber du müßtest ahnen können, daß solche Erzählungen auf die versperrten Brunnenstuben hinweisen. Wenn du selbst der Tiefe nicht ausweichst, wird deine Erfahrung dem Wunder nicht ratlos gegenüber bleiben.

SCHÜLER: Dann glaubst du an die Kraft des Gebetes, das aus Krankenbetten, Klosterzellen und anderen Orten der Ohnmacht und Einsamkeit kommt?

LEHRER: Aber ja. Beten heißt teilhaben. Und wenn es aus dem Seelengrund geschieht, vollzieht sich eine Begegnung, in der der Beter von seinen Mitmenschen mehr erfährt, als dieser von sich selbst weiß, und tiefer auf ihn einwirkt, als er ertragen mag. Denn das Gebet rührt an den Geheimnisgrund der Welt. Hör noch ein letztes Mal zu!

Ein junger Mann begegnete der Elisabeth von
Thüringen im Kloster Wehrda. Elisabeth sah
ihn an und sagte: „Du scheinst mir wenig klug
zu sein! Warum vertändelst du dein Leben?"
Der junge Mann antwortete: „O Herrin, ich
flehe euch an, betet für mich, daß Gott mir die
Gnade gibt, ihm zu dienen." Da fragte sie:
„Möchtest du wirklich, daß ich für dich bete?"
Und er: „Jawohl!" Und Elisabeth erwiderte:
„Du mußt dich aber selbst für die Gnade
Gottes bereit machen und ebenfalls beten,
dann will ich es gerne auch für dich tun." Als
der junge Mann ihr zustimmte, zog sie sich
zurück.

Nach einer Weile begann der junge Mann laut
zu rufen: „O meine Herrin, o Herrin, hört auf
mit eurem Gebet!" Aber Elisabeth antwortete
nicht. Darauf rief der junge Mann noch lauter:
„O Herrin, hört auf, mir schwinden die
Kräfte!" Dem jungen Mann brach vor Hitze
der Schweiß aus, sein Körper dampfte, er
zitterte am ganzen Leib und schlug mit den
Armen wie von Sinnen um sich. Wir alle, die
dies unter Eid bezeugen, eilten herbei und
hielten ihn fest. Er aber rief ein ums andere Mal:

„Ich bitte euch, hört auf zu beten! Ich werde
von Feuer verzehrt!"
Als Elisabeth ihr Gebet beendete, ging es ihm
sofort besser, doch war diese Stunde für ihn der
Anfang eines neuen Lebens. Es geschah, als
Elisabeth dreiundzwanzig Jahre alt war, ein
Jahr vor ihrem Tode. Ähnliches erlebten wir
bei anderen Menschen, für die Elisabeth betete.

SCHÜLER: Du sagst, das wahre Gebet sei ein Gebet des Herzens, nicht des Mundes. Was „sagt" das Herz eigentlich?

LEHRER: Das Herz sagt sich selbst. Darum kann niemand mit Worten umschreiben, was das Herz spricht. Herz heißt hier: die Mitte unserer selbst, die Zusammenfassung aller unserer Kräfte. Der Mensch, der mit dem Herzen zu Gott spricht, findet seine Mitte in Gott und so auch in sich, weil Gott uns ja innerlicher ist als wir uns selbst. Indem wir uns Gott übergeben, sagen wir uns selbst.

SCHÜLER: Was heißt, sich selbst sagen?

LEHRER: Das Gebet des Herzens ist nicht etwas Bestimmtes und Begrenztes, weder eine Bitte, noch ein Schuldbekenntnis, noch ein Dank. Es ist die reine Fülle, die uns auf Gott hin möglich ist. Christlich heißt diese Fülle Liebe.

SCHÜLER: Es wird über nichts mehr geredet als über die Liebe. Glaubst du, die Menschen suchen von Herzen die Liebe? Oder fällt ihnen das zu schwer?

LEHRER: Die Liebe ist etwas sehr Einfaches und Selbstverständliches. Aber die einfachen und selbstverständlichen Taten des Herzens sind in unserer Gesellschaft meist nur mühsam zu erlernen. Bereits das Denken über die Liebe ist heute fehlgeleitet.

SCHÜLER: Wie meinst du das?

LEHRER: Man denkt, Liebe sei Bindung an eine bestimmte Person. Das ist nicht so. Sie ist eine Haltung, eine Ausrichtung des Herzens, die das Verhältnis zu allen Menschen und zur ganzen Welt betrifft. Wenn jemand nur einen einzigen Menschen zu lieben vorgibt, allen anderen gegenüber aber gleichgültig oder gar ablehnend bleibt, ist seine „Liebe" nur eine Spielart von Egoismus. Wenn du zu einem anderen sagen kannst: „Ich liebe dich", mußt du auch sagen können: „Ich liebe in dir alle Menschen; ich liebe das Leben; ich liebe die ganze Welt, und ich liebe mich selbst."

SCHÜLER: Warum mich selbst?

LEHRER: Die Liebe ist unteilbar. Die Liebe zu dir ist mit der Liebe zu anderen grundsätzlich verbunden.

SCHÜLER: Erklär mir das bitte genauer.

LEHRER: Nur wer sich selbst achtet, weil er in sich ruht, – oder anders gesagt: nur wer glücklich ist, – kann lieben. Darum heißt es: „Liebe deinen Nächsten wie dich selbst".

SCHÜLER: Es gibt aber Menschen, die sich selbst mißachten und verleugnen, doch ihr ganzes Leben den Kranken oder Armen opfern. Gerade solche Menschen sind mir immer als Heilige erschienen.

LEHRER: Ich sage dir noch einmal: Wenn jemand nur andere lieben will, und nicht zugleich sich selbst liebt, kann er nicht lieben. Ohne Bejahung des eigenen Lebens gibt es keine Liebesfähigkeit. Was du gerade als Aufopferung beschrieben hast, ist keine Liebe, sondern Selbst-losigkeit.

SCHÜLER: Selbstlosigkeit gilt aber doch als bewundernswert.

LEHRER: Sofern es Liebe ist! Denken wir uns eine „selbstlose" Mutter. Sie tut alles für ihre Kinder, ist immer für sie da, stellt keine eigenen Ansprüche, opfert sich auf, und hofft, daß die Kinder an ihrer Hingabe erkennen, wie sehr sie geliebt werden. Die Wirkung dieser Selbstlosigkeit ist fatal: entweder beuten die Kinder die Selbstlosigkeit ihrer Mutter aus und verachten

sie noch dafür, oder – weniger häufig – sie
werden eher ängstlich, fürchten die Mißbilli-
gung ihrer Mutter, leben unter dem Zwang,
sie nicht zu enttäuschen, und lernen angesichts
mißmutiger Tugend, das Leben zu verachten. –
Andererseits gibt es nichts Besseres für
Kinder, als von einer Mutter geliebt zu werden,
die sich selbst liebt.

SCHÜLER: Das macht mir klar, warum
Menschen, die ohne ein Eigenleben alles für
andere „aufopfern", keine Freiheit vermitteln.
Nun hast du aber auch gesagt, wer einen
Menschen liebe, müsse in ihm alle anderen
lieben. Das verstehe ich nicht.

LEHRER: Das ist so, weil wirkliche Liebe
niemanden ausschließt. Eltern, die ihre Kinder
lieben, lieben auch deren Spielkameraden und
Freunde und alle Kinder, die ihre Hilfe
brauchen.

SCHÜLER: Aber meine Freundin liebe ich
zweifellos ausschließlich.

LEHRER: Die Liebe von Mann und Frau
schließt andere insofern aus, als es sich bei
ihnen um eine völlige Hingabe unter allen
Hinsichten des Lebens handelt. Das ist eine
unteilbare Lebensform.
Keineswegs aber sind die Mitmenschen von
einer tieferen Liebe ausgeschlossen. Das ist so,
wie ich dir schon sagte, weil die Liebe vor allem
eine Offenheit des Herzens verlangt. Diese
Offenheit des Herzens ist Grundbedingung,
um sich selbst und bestimmte Menschen
überhaupt lieben zu können.
SCHÜLER: Wenn die Liebe so umfassend ist,
schließt sie dann immer Gott mit ein? Genauer
gefragt: Liebt jeder, der die Menschen liebt, in
seiner Liebe zugleich Gott?
LEHRER: Jede wahre Liebe ist göttlich, ein Tun
der Gnade. Und jede wahre Liebe meint,
wissend oder nicht, immer auch Gott.
Wenn aber ein Mensch nicht über die naive
Bindung an Mutter, Familie oder Freunde
hinauskommt, oder wenn er von einem strafen-
den wie belohnenden Vater und anderen
äußeren Autoritäten abhängig bleibt, kann er
so wenig eine reife Liebe zu Gott entwickeln,
wie er aus innerer Gebundenheit fremde

Menschen zu lieben vermag. Auch hier ist der Sprung in den Brunnen und der Weg durchs Labyrinth Voraussetzung für das eigene Glück: also für ein Leben aus Gott.

SCHÜLER: Demnach bestimmt unsere persönliche Reife den Grad unserer Liebe zu Gott. Andererseits ist unsere eigene Reife abhängig von der Gesellschaft, in der wir leben. Wenn diese Gesellschaft uns ständig zu Leistung und Wettbewerb anspornt, beschneidet sie doch zugleich die Entwicklung unserer Liebesfähigkeit.

LEHRER: Jede Unterwerfung – soweit sie nicht innerlich gemeistert wird – hält die Liebe zu Gott und den Menschen klein und hindert sie, ihre Reife zu erlangen.

SCHÜLER: Meinst du, daß im Grunde nur Menschen, die gut sein wollen und ein tätiges Verlangen nach Güte haben, Gott lieben können?

LEHRER: Ja. Wahrhaft fromme Menschen sind gütig. Ich kann auch sagen: Gütig sind nur Menschen, die bei sich sein können, die sich gefunden haben, die ein inneres Glück kennen.

SCHÜLER: Wenn aber einer nicht bereit ist, auf alles Sündhafte in seinem Leben zu verzichten?

LEHRER: Ich sagte dir schon einmal: Wer Gott will, in dem wird alles verbrannt, was nicht in Gott eingehen kann. Wenn wir beten, vollzieht sich diese Läuterung. Darum ist der Weg des Gebets immer ein Weg wachsender Liebesfähigkeit. Es wächst die Erkenntnis der Güte Gottes, unsere Seele wandelt sich in diese Güte hinein, und wir beginnen, Gott zu lieben „aus unserer ganzen Seele, aus unserem ganzen Herzen, aus unserem ganzen Gemüte und aus allen unseren Kräften".

SCHÜLER: Ich möchte den Weg des Gebetes weitergehen und ihn nie verlieren. Anfangs, als du mich aufforderst, in den Brunnen zu springen, dachte ich, das sei eine Überforderung, etwas für besonders Mutige. Inzwischen weiß ich, daß es mein Weg zu mir selbst ist.

Es wird erzählt, daß Jesus einst an Leuten vorüberkam, die elend und abgemagert aussahen.

Er sprach zu ihnen: „Was ist mit euch?"

Sie sagten: „Aus Furcht vor der Strafe Allahs sind wir so abgemagert."

Da sprach er: „Ihr habt es vor Allah verdient, daß er euch vor Strafe behütet." –

Darauf traf er andere Leute, die noch elender und abgemagerter aussahen.

Da sprach er: „Was ist mit euch?"

Sie sagten: „Die Sehnsucht nach dem Paradies hat uns so abmagern lassen."

Darauf sprach er: „Ihr habt es vor Allah verdient, daß er eure Sehnsucht erfüllt." –

Dann traf er andere Leute, die noch elender und abgemagerter als die vorigen aussahen, deren Gesichter aber leuchteten wie Spiegel.

Er sprach: „Was ist mit euch?"

Sie sagten: „Die Liebe zu Allah hat uns so werden lassen."

Da setzte er sich zu ihnen und sprach: „Ihr seid die, die Allah nahe sind; mit euch zusammen-zusitzen ist uns befohlen worden!"

# Quellenverzeichnis